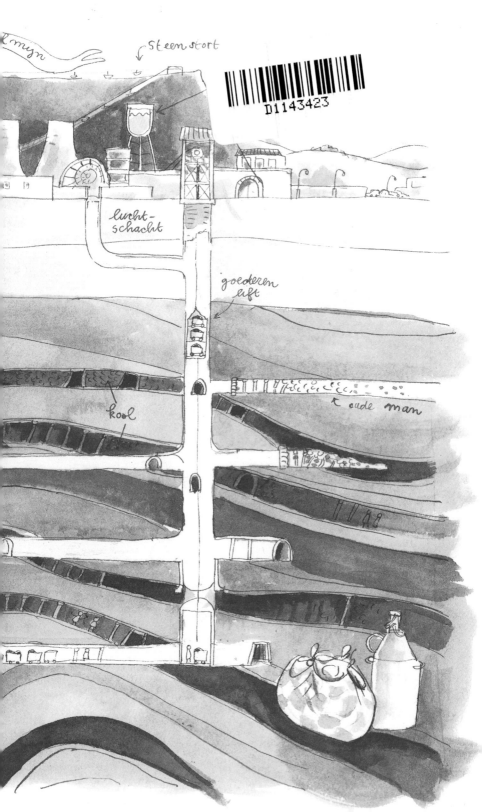

TIEN TORENS DIEP
EEN VERHAAL OVER VRIENDSCHAP

Voor mijn broer Jan
1938 - 1962

Jacques Vriens

Tien torens diep
een verhaal over vriendschap

met illustraties van Annet Schaap

Van Holkema & Warendorf

NEDERLANDSE
KINDERJURY
2005

Tweede druk 2004

ISBN 90 269 9800 7
NUR 283
©2004 Uitgeverij Van Holkema & Warendorf,
Unieboek BV, Postbus 97, 3990 DB Houten

www.unieboek.nl
www.jacquesvriens.nl

Tekst: Jacques Vriens
Illustraties: Annet Schaap
Omslagontwerp: Petra Gerritsen
Opmaak: ZetSpiegel, Best

Diep onder de grond

Voorjaar 1958

Stef snapt er niks van. Hij mág hier helemaal niet zijn. Dat is ten strengste verboden.
En toch loopt hij zomaar tussen de mannen die naar de mijn gaan. Het zijn de werkers van de ochtenddienst, 'de ochtendsjiech', zoals ze het zelf noemen.
Het is kwart over vijf in de morgen.
In het oosten, aan de kant van Duitsland, wordt het langzaam licht.
Stef kijkt voorzichtig om zich heen. De mijnwerkers sjokken kalm voort, praten wat met elkaar of roken een sigaret.
Niemand vindt het raar dat hij hier loopt.
Maar dat kán helemaal niet. Jongens van elf mogen nog niet naar beneden.
Pas over een paar jaar, dan is het zover.

Eindelijk!

Vanaf de dag dat Stef wist dat hij Stef was, wilde hij mijn-werker worden. Net als zijn vader en zijn opa. Steenkool uithakken diep onder de grond.

Totnogtoe kwam hij niet verder dan het schuurtje om kolen te halen.

Stef neemt soms zo'n gitzwart brokje in zijn hand en houdt het in de zon. Het lijkt net diamant, zo mooi flonkert het.

En als in de huiskamer de kolenkachel brandt, gaat hij er-voor zitten en kijkt door de kleine ruitjes naar de blauw-witte vlammen. Ze dansen en fladderen over de kolen omdat er gas uit ontsnapt. Láter, denkt Stef dan, later bran-den hier de kolen die ik uit de mijn heb gehaald.

Maar als hij nú door de mijnpolitie wordt betrapt, hier tussen de mannen, sleuren ze hem aan zijn oren naar huis. En zijn vader zal woedend zijn, want die krijgt natuurlijk op zijn donder van zijn baas, hoofdopzichter Huntjens. Die scheldt iedereen verrot als hij de kans krijgt.

Ineens hoort Stef achter zich de stemmen van zijn vader en Stanislaw, de Pool. Hij is al betrapt nog voordat hij een voet binnen de poorten van de mijn heeft gezet.

Zijn vader port hem in zijn rug: 'Dat valt tegen, hè? Zo vroeg uit je nest.'

Verbaasd draait Stef zich om.

'Wat kijk je, jongen?' vraagt zijn vader lachend. 'Alsof de heilige Barbara aan je verschijnt. Ik ben het maar. Nog niet wakker?'

'Jawel pap,' stamelt Stef en hij loopt gauw door.

Pap vindt het blijkbaar heel gewoon dat hij erbij is.

Stef heeft hem vaak genoeg gevraagd: 'Pap, mag ik een dagje mee naar beneden?'

6

Zijn vader barstte meestal in lachen uit. 'Dat zou je wel willen, hè?' En daarna volgde een van zijn flauwe versjes:
'De mijn is verboden terrein
voor vrouwen en kinderen klein!'
'Waarom pap?'
Het was vragen naar de bekende weg. Zijn vader had het al zo vaak verteld. In de 'koel' – want zo noemde iedereen de mijn – mochten alleen mannen komen. Sterke, stoere mannen die aan het kolenfront de steenkool moesten veroveren. Met gevaar voor eigen leven. Kolenfront! Dat klonk spannend, vond Stef. Alsof pap iedere dag naar de oorlog ging, diep onder de grond. Vroeger huilde hij af en toe als zijn vader naar de koel vertrok. Vooral die keer toen de vader van zijn beste vriend Victor was verongelukt. Er was een gang ingestort en hij was op slag dood geweest.
'Afschuwelijk,' had Stefs vader gezegd, 'maar het was zijn eigen schuld. In die gang had hij nooit mogen komen. Het was "een oude man". Alle stutten waren al geroofd.'
Stef wist precies wat zijn vader bedoelde. Als zoon van een mijnwerker snap je zelfs als kleuter al hun koeltaaltje. 'Een oude man' is een mijngang die niet meer in gebruik is. En de stutten zijn dikke palen die het dak van de mijngang ondersteunen. Als alle kolen zijn weggehakt, worden de stutten eruit gehaald. Dat noemen ze 'roven'; daarna is het de bedoeling dat de boel instort. Maar deze oude man had er nog geen zin in, totdat de vader van Victor er zijn behoefte ging doen.
'Toen we hem eindelijk hadden uitgegraven,' vertelde Stefs vader later, 'zat zijn broek nog op zijn voeten en de stron...'
'Hou op!' riep Stefs moeder nijdig. 'Het is al erg genoeg en ik wil die vieze praatjes hier niet horen. Dat doe je maar in

de koel.' Zijn vader hield meteen zijn mond, want boven de grond was zijn moeder de baas.

Stef moest er stilletjes erg om lachen, maar bij de begrafenis had hij gehuild. Samen met zijn vriend Victor. Vooral toen de kist door zes mijnwerkers naar het kerkhof werd gedragen en de mijnharmonie een heel treurig lied speelde.

Maar de volgende dag ging zijn eigen vader weer gewoon naar de mijn. Stef rende met hem mee tot aan het tuinhekje. Daar klampte hij zich aan hem vast. 'Niet gaan, pap, niet de koel in!'

Zijn vader nam zijn gezicht tussen zijn grote handen. 'Luister Stef, ik ben altijd heel voorzichtig. De mijn is het mooiste wat er bestaat. En je bent er nooit alleen, want je werkt altijd samen met je kameraden. Je let op elkaar en je helpt elkaar, wat er ook gebeurt.'

'Maar de vader van Victor dan?'

'Die was onvoorzichtig. We hebben nog geroepen tegen Vic Stassen dat hij niet in die oude man moest gaan zitten kakken. Maar die kerel was altijd al eigenwijs.'

'En opa zegt...'

'Die moet helemaal zijn mond houden. Toen hij nog in de mijn zat, was het een heel andere tijd.'

Daarna tilde zijn vader hem op. 'Later word jij koelpiet, Stef. Dan kun je het allemaal zelf zien.'

'Koelpiet' was het éérste mijnwoord dat Stef geleerd had. Je had zwarte Pieten en koelpieten. Alle twee even zwart. De een van zichzelf en de ander van de mijn.

En het tweede woord dat Stef leerde, was 'koempel'. Zo noemen de mijnwerkers elkaar. Toen zijn vader hem een keer had uitgelegd dat het woord koempel eigenlijk 'vriend' betekent, wist Stef het zeker: hij wilde koempel worden, samen met zijn vriend Victor.

Zelfs nadat zijn vader verongelukt was, zei Victor tegen Stef: 'En tóch word ik koempel. Samen met jou.' Ze hadden de armen om elkaars schouders geslagen en waren zingend door het dorp getrokken:
'We worden later koempel,
diep onder de grond.
Samen vechten, samen strijden
aan het kolenfront.'
Ze waren steeds harder gaan zingen om zo hun angst en verdriet te bezweren. Het hele dorp had er schande van gesproken. Zo vlak na een begrafenis gaf dat geen pas. En nu stapt Stef voort tussen de mannen en wordt koempel. En nog veel eerder dan hij had gedacht.

Hij schrikt als hij Stanislaw de Pool tegen zijn vader hoort zeggen: 'Gaat die jongen van jou nóú al naar beneden? Hij loopt nog in zijn korte broek.'

O nee, laat die Pool zijn mond houden! Dadelijk stuurt pap hem naar huis.

'Ja hoor,' antwoordt zijn vader, 'mijn jongen heeft echt mijnwerkersbloed.'

Stef begint sneller te lopen. Weg van zijn vader, voordat die zich bedenkt.

Hij wil zich aansluiten bij een ander groepje mijnwerkers, maar ziet dat zijn grote broer Joep erbij is. Gauw doorstappen maar, voordat Joep ook begint te zeuren.

In de verte, tegen het ochtendlicht uit het oosten, doemt de mijn op. Stef moet altijd aan een enorm kasteel denken. Het eerste wat je ziet is de steenberg. Alsof je in Zwitserland bent. Op school heeft meester Frissen plaatjes over dat land laten zien. Maar deze steenberg is gemaakt door mensen, want uit de mijn komen niet alleen kolen, maar ook honderden kilo's onbruikbare stenen. Al meer dan vijftig jaar is er gebouwd aan deze enorme berg. Samen met

Victor heeft Stef die berg al een paar keer beklommen. Stiekem, want de mijnpolitie loert overal.
Naast de steenberg staan grote lompe gebouwen en dikke ronde torens.
En natuurlijk de liftschacht. Die vindt Stef altijd het spannendst. Het is een hoog vierkant gevaarte van ijzer, waar je dwars doorheen kunt kijken. Bovenop zitten twee enorme wielen die bijna altijd ronddraaien. Daarmee worden de liften bediend. Stef kan er uren naar kijken. Telkens als er een wiel draait, dalen of stijgen er liften. Om mensen onder de grond te brengen of ze op te halen. Of om volle wagons met kolen naar boven te hijsen en lege weer te laten zakken. De kabels waar de liftkooien aan hangen zijn vuistdik, want de liften gaan tot achthonderd meter diep de grond in.
Ineens wordt Stef bang. In een flits ziet hij de doodskist van de vader van Victor voor zich. Langzaam laten de koempels de kist aan dikke touwen in het graf zakken. Stef wil wegrennen, terug naar huis.
Dan ziet hij dat zijn buurman in het groepje voor hem loopt. Dat stelt hem gerust.
Dries Pelt werd vorig jaar zwaargewond thuisgebracht, maar vanochtend loopt hij hier weer. Hij is gewoon teruggegaan de mijn in, terwijl na het ongeluk zijn hele been openlag. Er was een enorme brok kolen op gevallen. De buurvrouw moest drie keer per dag het verband verschonen. Ze was de moeder van Stef om hulp komen vragen.
'Ik kan het niet. Ik word er misselijk van en Dries gaat tekeer als een varken als ik alleen maar naar zijn been wijs.'
Stef was stiekem meegelopen. Dat wilde hij meemaken: die grote stoere Dries Pelt die een varken was geworden.
Het viel tegen. Toen zijn moeder het verband losmaakte, hield Dries zich krampachtig vast aan de spijlen van het

bed en kreunde een beetje. Stef was geschrokken van het been. Het was een grote gapende wond waarin een vieze prut zat van bloed en zwart koolstof. Met een of ander spulletje van de mijndokter maakte zijn moeder het been schoon. En eindelijk brak het varken in de buurman los.

'Het spijt me, Dries,' zei zijn moeder, 'maar die troep moet eruit, anders ettert het maar door.'

Dries had een knetterende vloek laten horen. Toen was Stef in de lach geschoten en onmiddellijk buiten gezet. Dries was erg gelovig en ging trouw iedere zondag naar de kerk. Als Stef vloekte waar de buurman bij stond, riep die boos: 'Ga je mond spoelen, jongen!'

Maar met dat been vloekte Dries zélf er flink op los.

Stef sluit zich aan bij de groep van Dries. Ze zijn al bijna bij de grote poort van de mijn.

'Zo buurman,' zegt Dries, 'voor het eerst naar beneden? Dan zullen we je moeten dopen.'

'Dopen?' vraagt Stef.

'Ja natuurlijk, jongen. Weet je dat niet? Een kolenschep tegen je kont en een flinke klap met de hamer erop. Zo doen we dat altijd met nieuwelingen.'

De andere mannen lachen en eentje roept: 'Dan zijn je magere billetjes meteen bont en blauw.'

Dries wrijft even bemoedigend door de zwarte krullen van Stef. 'Dat valt de laatste tijd best mee, hè jonkie? Een jaar geleden zei ik nog tegen zijn vader: "Moet die krielkip van jou de mijn in?" Maar ze hebben hem veel spek te eten gegeven en is hij flink doorgeschoten.'

Dankbaar kijkt Stef zijn buurman aan. Nu weet hij het zeker: vandaag wordt hij koelpiet!

Ineens blijft Dries staan en vraagt: 'Hé koempel, waar is je pungel?'

Bijna alle mannen dragen een pungel. Het is een grote

blauwgeblokte handdoek die is dichtgeknoopt. In je pungel zitten je brood en een ijzeren kan met thee of water. En op maandag meestal een schoon mijnwerkerspak.

'Vergeten,' stamelt Stef. Hij voelt de schaamte in zijn nek omhoogkruipen. Hij is een mijnwerker die op de eerste dag zijn pungel vergeet.

Dries schatert het uit. 'Mooie koelpiet ben jij! Blijf straks maar bij mij in de buurt, jonkie. Ik heb wel wat te eten voor je.'

Ze lopen langs de parkeerplaats, waar bussen af- en aanrijden want uit heel Limburg, en zelfs uit Brabant, komen er mannen naar de mijnen.

Achter het parkeerterrein is de grote toegangspoort. Maar iedereen gaat het lage gebouwtje in dat naast de poort ligt. Daar zit de portier. Bij hem hangen op een groot bord honderden ronde penningen met nummers erop. De mannen pakken er allemaal een vanaf.

Nu gaat het echt fout, denkt Stef. Hij heeft geen flauw idee wat zijn nummer is. Maar hij móét een penning pakken. Straks, bij de lift, zal hij die afgeven, zodat ze precies weten wie er naar beneden gaan. Als ze daar klaar zijn, na de sjiech, krijgen de mannen hun penning terug en hangen hem weer op bij de portier.

Het is dringen voor het bord. Stef wil wegrennen, maar iemand bromt: 'Schiet eens op, kleintje!' Hij herkent de stem van zijn grote broer Joep. Vlug graait Stef een penning van het bord en holt achter Dries Pelt aan.

In het grote badlokaal hangen aan het plafond grote haken met bundels kleren eraan. Deze plek kent Stef wel. Hij is hier ooit geweest met zijn vader toen de familie een kijkje mocht nemen in de bovengrondse mijngebouwen.

Stef vindt al die haken een griezelig gezicht. Alsof er een heleboel mensen zijn opgehangen aan het dak van het badlokaal. Aan de zijkant van het lokaal zitten kettingen aan de muur. Stef kijkt naar het nummer op zijn penning: 354. Hij zoekt de ketting op met hetzelfde nummer en maakt hem los. Langzaam zakt een bundel kleren naar beneden. Het is zijn mijnwerkerspak.

Niemand let op hem, want iedereen is bezig zich om te kleden. Stef trekt gauw zijn kleren uit en hijst zich in de broek. Een stugge stevige katoenen broek. Daarna het zwarte onderhemdje en de dikke jas. Hij verbaast zich erover dat alles precies past. Zijn eigen kleren hangt hij aan de haak en trekt die weer omhoog.

Er klinkt geroep en gelach. Een paar mannen steken een sigaret op.

'Hé Pelt,' roept iemand tegen buurman Dries, 'er zit een gat in je broek. Spannende onderbroek heb je aan!'

'Die zoekt mijn vrouw voor me uit,' antwoordt Dries.

'Of is die soms van je vrouw?' roept iemand anders.

De mannen lachen weer.

Stef kijkt met grote ogen om zich heen. Hij weet niet wat er verder moet gebeuren. Dries stoot hem aan. 'Wat sta je daar nou, jonkie? Opschieten, naar de lampisterie. We moeten om zes uur bij de lift zijn, anders krijg je een boete. Die houden ze in op je loon.'

Stef rent achter hem aan. Natuurlijk, hij moet naar de lampisterie. Als mijnwerker ben je niks zonder je lamp.

In hoge kasten staan de helmen en liggen een soort koplampen. Vanaf de lamp loopt een dikke kabel naar een zwart kastje, de accu. Stef ziet hoe Dries de lamp op zijn helm klemt. De accu haakt hij aan zijn broek. Hij doet gauw hetzelfde. 'Wat is dat ding zwaar,' mompelt hij.

'Wat?' vraagt Dries.

Stef kan zijn tong wel afbijten. Maar Dries is al op weg naar de lift en Stef loopt vlug achter hem aan.

13

In een grote hal is de lift. Die bestaat uit vier ijzeren kooien boven elkaar die tegelijk naar beneden kunnen. En er zijn trappen die naar de verschillende kooien leiden. De mannen weten precies in welke kooi ze moeten zijn. Dries sjouwt drie trappen op naar de bovenste. Stef blijft zo dicht mogelijk bij hem in de buurt.

Dan gaat alles heel snel. Ze staan nog maar net met een groepje voor het gesloten hek van de lift als Stef een donderend geraas hoort dat steeds harder wordt. Fluitsignalen gillen en bellen rinkelen. De lift met de nachtploeg komt naar boven. Aan de achterkant van de kooi knalt het hek open en er stappen mannen uit. Aan de voorkant schuift de liftbaas ook een hek opzij en Stef schuifelt met zijn groep naar binnen. Een van de mannen van de nachtploeg draait zich even om. Zijn gezicht is pikzwart van het kolenstof. 'Glück auf, koempels,' groet hij.

Stef kent die groet maar al te goed. Het betekent: 'Ik hoop dat je weer veilig boven komt.'

Straks ben ik ook zo zwart, denkt Stef en ineens beginnen zijn knieën te trillen. Wat doet hij hier? Hij wil helemaal niet naar beneden. Hij wil eruit! Maar achter hem wordt het hek gesloten.

De mannen om hem heen zakken iets door hun knieën. Dries stoot hem aan: 'Ook zo staan, jonkie, want de lift stopt straks met een klap. Die moet je opvangen met je knieën.' Stef probeert het, maar zijn benen lijken op twee planken.

Een paar mijnwerkers slaan een kruisteken. Misschien helpt dat, denkt Stef en hij probeert het ook, maar zijn arm beeft. Hij krijgt met moeite zijn hand omhoog. De tranen springen in zijn ogen.

Er klinken weer belsignalen en de kooi komt met hels kabaal in beweging. Het is alsof de vloer onder hem wordt

14

weggetrokken. Met een waanzinnige snelheid raast de lift de diepte in. Op slag wordt het donker om hem heen. De mannen knippen hun lampen aan. Een spookhuis, denkt Stef, een spookhuis dat wordt afgeschoten naar het binnenste van de aarde. Hij klampt zich vast aan Dries en schreeuwt: 'Nee! Ik wil het niet! Ik wil niet in de koel!'
Dan hoort hij een stem. Een lieve stem. 'Stef, wat is er? Word eens wakker, toe.'
Hij kijkt in het gezicht van zijn moeder. 'Ik wil niet in de koel, mam. Ik ben bang. De oude man stort in. De koempels slaan met een hamer op mijn kont.'
Zijn moeder aait over zijn gezicht. 'Maar lieverdje, je hebt gedroomd.'
Met een ruk schiet hij overeind in zijn bed.
'Was je in de mijn?' vraagt zijn moeder en ze drukt hem tegen zich aan.
Stef knikt.
Ze blijven even heel stil zitten en Stef voelt de angst uit zich wegglijden. Hij vindt het heerlijk om zo dicht bij zijn moeder zijn. Dat zou hij best vaker willen, maar als je bijna twaalf bent, doe je dat niet meer.
'Later wil ik wel,' mompelt hij, 'samen met Victor.'
'Dat is goed, Stef. Maar nu ben je nog te jong.'
'Dat zei de Pool ook.'
Zijn moeder lacht. 'Zat die in je droom?'
Stef knikt.
'Leuke dromen heb jij. Zelfs de Pool doet mee.'
'En pap en Joep en Dries Pelt.'
'Gezellig.'
Stef schudt van nee en mompelt: 'Ik was heel erg bang.'
'Dat is nergens voor nodig. Je gaat straks eerst een paar jaar naar de Ondergrondse Vakschool en daar leer je alles over de mijn. En pas dan mag je naar beneden.'

Stef wijst naar het bed van zijn grote broer, dat bij hem in de kamer staat. 'Heb ik Joep wakker gemaakt?'

Zijn moeder stelt hem gerust. 'Die zit allang beneden in de keuken te ontbijten, samen met pap. Ze hebben deze week ochtendsjiech.'

Vaag ruikt Stef de geur van gebakken eieren met spek.

'Het is pas half vijf,' zegt zijn moeder. 'Ga nog maar even slapen.'

Stef kruipt weer onder de dekens.

Als zijn moeder het licht uitdoet, vraagt Stef: 'Mam, ben jij nooit bang?'

Het blijft even stil.

'Mam?' vraagt Stef in het donker.

'Soms,' antwoordt zijn moeder dan zacht. 'Maar ik denk er niet te veel aan. Je vader en Joep schieten er niks mee op als ik hier de hele tijd bang ga zitten wezen. Welterusten lieverd, tot straks.'

Zijn moeder loopt de trap af. Hij hoort beneden de huiskamerdeur opengaan. Zijn vader zegt iets, zijn moeder lacht en de deur gaat weer dicht.

En Stef denkt: vrouwen van koelpieten mogen geen angst hebben. En hun kinderen ook niet.

Een eikenhouten vriendschap

Het is woensdagmiddag. Stef zit onder de dikke tamme kastanje op het pleintje midden in het dorp. Samen met zijn beste vriend Victor.
Hun vriendschap is van eikenhout.
Dat zegt de opa van Stef altijd. En tegelijkertijd klopt hij dan op het tafeltje dat naast zijn luie stoel staat. Daar liggen zijn pijpen op. Het tafeltje is van eikenhout. 'Stevig en betrouwbaar,' zegt opa dan. Dat heeft hij niet van zichzelf, maar van een advertentie uit de *Katholieke Illustratie*. Opa en oma zijn daarop geabonneerd. Het is een weekblad vol foto's, strips en verhalen. Stef kan uren bladeren in de stapel met oude afleveringen die opa bewaard heeft.
'Stevig en betrouwbaar,' herhaalt opa dan, 'net als mijn vriendschap met Mario. Als hij niet verongelukt was in de koel, waren we tot de dag van vandaag vrienden gebleven.'

Als je niet beter wist, zou je denken dat half Limburg was omgekomen in de mijn. Iedere familie had zijn eigen verhaal over ingestorte gangen, ontploffingen door mijngas of mannen die verdronken waren in een verraderlijke ondergrondse waterval.

Stef en Victor zijn vrienden vanaf de kleuterschool. In de zandbak groeven ze al mijngangen, tot woede van de nonnen. Zwartgerokte vrouwen met een soort schoorstenen rondom hun gezicht. Vooral zuster Magdalena was des duivels toen ze op een dag de zandbak in stapte en door de grond zakte.

'Zuster,' riep Stef toen verontwaardigd, 'u heeft met een van uw grote voeten onze hele mijn kapotgemaakt.'

'Naar binnen,' krijste de non.

Daarna mochten Stef en Victor een maand lang niet meer meespelen als de andere kleuters naar buiten gingen.

Hun eikenhouten vriendschap was er alleen maar sterker door geworden. En binnen kon je van blokken net zo goed een prachtige mijn bouwen.

In die tijd hadden ze hun club opgericht: de JK, de Jonge Koelpieten.

Het was een geheime club met maar twee leden: Stef en Victor.

En toen ze eenmaal leerden schrijven, waren ze begonnen met hun Geheime Mijnboek. Het was een oud schoolschrift waarin ze alles opschreven wat voor hun club belangrijk was. Als eerste hadden ze hun Koelpietenlied verzonnen en dat erin gezet.

'We worden later koempel,
diep onder de grond.
Samen vechten, samen strijden
aan het kolenfront.'

En toen opa voor het eerst iets had gezegd over hun 'eiken-houten vriendschap', schreven ze dat er meteen in.

Het schrift ziet er inmiddels verfomfaaid uit en ze hebben het al een paar keer moeten repareren. De groene kaft is bijna niet meer te zien door de brede repen bruine plakband die ze eroverheen hebben geplakt.

Vanochtend heel vroeg, nadat zijn moeder hem wakker had gemaakt, had Stef erin gezet:

'Stef had vannacht een stomme droom. Hij mocht voor het eerst naar beneden, maar hij was heel erg bang.'

En nu zit hij op het pleintje onder de grote boom naast zijn vriend.

Daar staat een bank, maar de jongens zitten er op hun hurken voor. Net zoals echte koempels dat doen. Die zijn dat gewend door de lage gangen waarin ze vaak moeten werken. Stef en Victor vinden het altijd een grappig gezicht: een hele groep mannen die als een stel kikkers op de bus wachten. Of na hun werk met elkaar een sigaretje roken, op hun hurken voor de ingang van de mijn.

Stef haalt het Geheime Mijnboek uit zijn schooltas en geeft het aan Victor.

De hele dag heeft hij rondgelopen met een vervelende knoop in zijn maag. Hij wilde zijn vriend het schrift vanmorgen al geven, maar op school waren er steeds andere jongens bij.

Victor leest wat Stef geschreven heeft en haalt zijn schouders op. 'Dat heb ik soms ook. Maar mijn vader zei altijd: "Je eerste sjiech is eng. Maar daarna went het snel en heb je het mooiste beroep van de wereld."'

Stef moet even slikken. Victor praat meestal heel gemakkelijk over zijn vader. Alsof die niet is omgekomen in de mijn.

Het blijft even stil.

'Daarom wil ik de mijn in,' zegt Victor terwijl hij opstaat. 'Net als ons pap.' Hij haalt uit zijn broekzak een stompje potlood tevoorschijn en geeft het aan Stef. 'Hier, schrijf op wat ik zeg.'

Stef gaat op de bank zitten en legt het schrift op zijn knieen.

Victor zegt een paar zinnen op dezelfde manier als meester Frissen wanneer die een dictee geeft:

'Victors vader zei altijd: je eerste sjiech is eng. Maar daarna went het snel en heb je het mooiste beroep van de wereld.'

'Wat kun jij mooi schrijven,' stelt Victor vast als zijn vriend klaar is. 'Bij mij zet meester Frissen er altijd onder: "Knoeiboel. Opnieuw!"'

Ineens is de knoop in Stefs maag weg. Hij kijkt zijn vriend dankbaar aan. Victor blijft nuchter, wat er ook gebeurt. Stef maakt zich vaak druk over van alles en nog wat. Zijn vader zegt wel eens: 'Stef, je bent net zo'n opgewonden standje als je opa.'

Stef zou zoals Victor willen zijn. Die lijkt op een kameel. Meester Frissen draaide een keer een film over de woestijn. De kamelen maakten toen de meeste indruk op Stef. Ze sjokten dagenlang door het zand, terwijl ze traag hun eten herkauwden. Altijd even onverstoorbaar, net als Victor.

Maar Stef vindt het ook fijn om op zijn grootvader te lijken: opa is een goeie kerel. Na Victor is dat zijn beste vriend. Het is een fijn gevoel om twee van zulke vrienden te hebben: een opgewonden standje en een rustige kameel.

Victor slaat zijn arm om de schouders van Stef. 'We maken

onze eerste sjiech samen.' En hij barst los in hun clublied. Als ze uitgezongen zijn, pakt Victor zijn katapult uit zijn broekzak. Midden op het pleintje staat de muziektent. Een ronde verhoging met een laag smeedijzeren hek eromheen. Daarboven een koepeldak dat gedragen wordt door vier sierlijke pilaren. Victor raapt een steentje van de grond, spant het elastiek van de katapult, en *pang!* Hij raakt een van de pilaren. Het galmt over het hele plein, alsof er iemand op een klok slaat.

Stef grinnikt. Zijn vriend kan net zo mooi schieten als hij zelf schrijven kan.

Uit een van de zijstraten komt Wietske aanlopen. Oranjedorp is niet groot. Een pleintje met rondom lage huizen met schuine daken, een kerk en een paar zijstraten. Alles is gebouwd door de mijn. Daarom noemen de mensen het geen dorp, maar een koloníé, met de nadruk op de laatste letters. De mijnbazen willen graag dat alle mijnwerkers bij elkaar wonen. 'Om ons in de gaten te houden,' zegt opa altijd. 'Samen met de pastoor.'

Stef woont midden in de koloníé, in een van de lage huizen op het plein. Met zijn ouders, zijn broer Joep en zijn twee grote zussen.

'Hoi,' roept Wietske en ze gaat naast de jongens op de bank zitten.

Eigenlijk houden Stef en Victor niet van meisjes, maar Wietske mogen ze wel. Die wil later ook de mijn in. Dat kan natuurlijk helemaal niet, maar ze vinden het wel stoer van haar.

Wietske vertelt over school. Ze zit op 'de openbare' in de stad. Wietske is de enige uit de koloníé die daarnaartoe gaat. Bij haar thuis zijn ze niet katholiek. Haar ouders geloven eigenlijk helemaal niks. Daarom wordt Wietske vaak gepest door de kinderen uit het dorp. 'Heiden!' roepen ze dan. Maar niet te hard, want Wietske is sterk en is vooral berucht om haar 'beuken'. Eén beuk van haar en je ligt voor pampus.

Stef stopt gauw het geheime schrift in zijn tas.

'Ik wou dat ik bij jullie op school zat,' verzucht Wietske. 'In mijn klas word ik gepest omdat ik in de koloníé woon. En als ik zeg dat ik de mijn in wil, lachen ze me helemaal uit en roepen: "Koelgriet."'

'Jij bent ook een griet,' zegt Stef.

'Zo is dat,' zegt Victor. 'En wij willen geen meiden in de klas. Bij ons op de katholieke school zitten alleen jongens en dat is maar goed ook.'

Stef is het met hem eens. 'Ik ben blij dat ik niet op de openbare zit. Met meiden erbij heb je de hele dag dat stomme gegiechel.'

'Ik giechel niet,' roept Wietske boos.

'Dat is waar,' antwoordt Victor. 'Jij giechelt nooit.'

'Het is meer bulderen wat jij doet,' zegt Stef. 'Als een grote kerel.'

Wietske heeft een donkere hese stem en als ze lacht, lijkt het op gerommel van onweer.

'Dat komt doordat je zo breed bent,' zegt Victor. 'Je hebt een grote klankkast. Dat galmt.'

'Wat bedoel je daarmee, Victor Stassen?' vraagt Wietske streng.

Victor zit op muziekles omdat hij graag bij de mijnharmonie wil. 'Een piano heeft een klankkast,' legt hij uit. 'Daardoor klinken de tonen veel harder.'

'Precies,' zegt Stef. 'Jouw dikke lijf is jouw klankkast.'

Wietske gaat vlak voor Stef staan en trekt hem ruw aan zijn zwarte krullen overeind. 'Ik ben niet dik! Alleen een beetje stevig.' Stef is een kop groter dan Wietske, maar dat kan haar niks schelen.

'Au!' brult Stef. Ze laat hem los, maar roept tegelijkertijd dreigend: 'Moet ik je beuken?'

'Nee, doe maar niet,' piept Stef.

'Mooi dik is niet lelijk,' roept Victor om zijn vriend te helpen.

'Ja,' zegt Stef, 'en je hebt mooie bruine ogen.'

Wietske snauwt: 'Meen je dat, Stef Bronckers?'

Zelfs zó vindt Stef haar ogen mooi.

Hij bloost en stamelt: 'Eeeh... '

'Nou, Stef Bronckers?'

'Ja... eeeh... Wietske Heemskerk.'

Victor schiet in de lach.

Wietske duwt Stef terug op de bank. 'Ik zal je niet beuken als ik bij jullie club mag.'

'Welke club?' vraagt Victor.

'Wij hebben geen club,' zegt Stef.

'Vuile liegbeesten, jullie hebben een geheime club. Dat weet ik allang.'

Stef springt overeind. 'Hoe weet je dat?'

'We hebben géén club,' herhaalt Victor nadrukkelijk en hij trekt Stef snel terug op de bank.

'Je hebt je verraden, Stef Bronckers,' roept Wietske triomfantelijk. 'Ik wist het trouwens al een paar jaar. Ik heb stiekem in dat schrift gekeken.' Ze wijst naar de tas van Stef.

'Wanneer?' vraagt Stef verontwaardigd.

'We speelden een keer verstoppertje. Ik zat bij jou in de schuur en daar lag het.'

'Valse spion!'

'Wacht eens,' zegt Victor. 'Weet jij het al zó lang? En heb je nooit iets gezegd? Tegen niemand niet?'

'Nooit,' antwoordt Wietske. 'Een geheime club is een geheime club.'

Daar is geen speld tussen te krijgen.

'Ga maar even weg,' zegt Victor.

'Waarom?'

'Stef en ik moeten vergaderen. Kom over tien minuten maar terug.'

Wietske kijkt de twee jongens onderzoekend aan. 'En dan?'

'Zul je wel zien.'

'Goed.' Wietske loopt met grote passen weg en verdwijnt achter de muziektent die midden op het pleintje staat.

'Ik wil geen meiden bij de club,' moppert Stef. 'Stom van me om ons te verraden.'

'We moeten haar een kans geven,' zegt Victor. 'Ze heeft altijd haar mond gehouden over de Jonge Koelpieten. Ze is betrouwbaar en jij vindt haar ogen mooi.'

'Ja, maar verder is het een paard.'

Victor schiet in de lach. 'Een mijnpaard.'

'Dat is waar,' zegt Stef. 'Ze wil ook de mijn in. Dat is bijzonder voor een meid.'

Victor knikt. 'Daarom moet ze een kans krijgen. Op de openbare school wordt ze ermee gepest.'

'Daar kan Wietske best tegen,' antwoordt Stef. 'Hier in de koloníe plagen ze haar ook omdat ze niet katholiek is.'

'En omdat ze niet kunnen uitstaan dat ze zo sterk is,' zegt Victor. 'Vorige week heeft ze Colla Hameleers nog gebeukt.'

'Net goed,' zegt Stef, 'want dat is een klier.'

'Mag ze nou van jou bij onze club of niet?' vraagt Victor.

Stef denkt even na en zegt: 'Ze moet eerst een test doen.'

Victor knikt. 'Goed idee, maar wat? Het moet een echte test zijn, anders telt het niet.'

Stef wijst naar een van de zijstraten. 'Daar komen de koelpieten van de dagsjiech.'

De kleine torenklok op het plein slaat met korte heldere klanken drie uur.

Stefs vader loopt ook tussen de mijnwerkers.

'Dag pap!'

Telkens als zijn vader thuiskomt van de mijn voelt hij zich opgelucht en denkt: niks gebeurd. Hij heeft dat wel eens aan Victor verteld, maar die zei toen: 'Dan kun je wel aan de gang blijven met ongerust zijn.'

Zijn vader zwaait terug en verdwijnt naar binnen.

'Daar is Dries Pelt,' zegt Victor.

Ze moeten altijd lachen als Dries uit de mijn komt. Hij is de enige die nog zwart is, want hij weigert zich te wassen op de mijn. De andere mannen duiken meteen het bad-lokaal in als ze boven de grond komen. Daar schrobben ze net zo lang tot al het stof uit hun oren en het zwart van hun lijf is. Stef heeft er ooit een foto van gezien. De koempels stonden keurig in een rijtje elkaars rug af te schrobben. 'Poekelen' noemen ze dat. Maar Dries komt altijd naar huis als zwarte Piet.

'Dag Dries!' roept Stef.

Dries steekt zijn hand op en verdwijnt in zijn huis.

'Dadelijk gaat hij in bad,' zegt Stef.

'De gek,' zegt Victor.

Heel Oranjedorp weet het: Dries heeft in de schuur achter in zijn tuin een badkamer gemaakt. Met groene tegels tegen de muur en een enorme kuip op pootjes. Daar gaat hij in zitten om te poekelen.

Een half uur voordat hij thuiskomt, sluit zijn vrouw de tuinslang aan op de geiser in de keuken en vult het bad met warm water.

Het is trouwens bijzonder dat Dries een echte badkamer heeft, want niemand in de koloníe heeft dat.

Het is een heel bouwwerk, want óp zijn schuur heeft Dries ook nog een duivenhok gebouwd. In zijn badkamer zit daarom een smal trapje, dat uitkomt in de duiventil. Stefs vader zegt wel eens: 'Als Dries niet uitkijkt, schijten die beesten op zijn kop als hij in bad zit.'

Niemand weet waarom Dries Pelt niet wil poekelen op de mijn. Er doen de vreemdste geruchten de ronde. Hij zou een heel klein piemeltje hebben en zich daarom schamen voor de andere koempels. Volgens Stanislaw hééft hij helemaal geen piemel, maar de Pool overdrijft altijd een beetje.

Victor en Stef hebben een keer geprobeerd erachter te komen. Boven in de badkamerschuur, vlak onder het duivenhok, zit een gat. Als je in de tuin van Stef op een ladder gaat staan, kun je naar binnen kijken. Maar het enige wat ze zagen, was Dries in zijn badkuip met een heleboel schuim om zich heen.

'Ik weet een mooie test voor Wietske,' zegt Stef. 'Ze moet onderzoeken hoe het zit met de piemel van Dries.'

Victor steekt zijn duim op. 'Top!'

Als Wietske even later terugkomt, zegt Stef: 'Je mag bij onze club als je eerst een test doet.'

'Goed, zeg het maar.'

Als de jongens vertellen wat er moet gebeuren, barst Wietske los in een bulderende lach en roept: 'Ik geloof niks van die kleine piemel. Zo'n grote man!'

'Je durft niet,' zegt Victor.

'Jammer,' zegt Stef, 'dan mag je niet bij de club.'

'Ik wil wél bij de club,' protesteert Wietske.

'Kom dan maar mee,' zegt Stef.

Ze lopen achter de huizen om over een smal paadje, dat het getske wordt genoemd. Zo kunnen ze ongemerkt in de tuin van Stef komen.

Even later sleept Stef vanuit hun eigen schuur een lange smalle ladder naar buiten. Ze zetten die tegen de muur van de badkamer van Dries.

Plotseling gaat de keukendeur open en de moeder van Stef komt naar buiten. 'Wat voeren jullie daar uit?'

'We willen even in de zon zitten, mam,' zegt Stef.

Daar is geen woord van gelogen. De middagzon schijnt tegen de zijkant van de schuur.

'Moet dat op die ladder?'

'Ja mam, zo zitten we wat dichter bij de zon.'

Zijn moeder schudt haar hoofd. Stef heeft wel vaker rare ideeën.

Voor ze weer naar binnen gaat, roept ze nog: 'Voorzichtig met die ladder en kijk uit voor mijn groentetuin!'

'Wat kun jij goed liegen,' zegt Victor.

Stef knikt. 'Soms moet dat bij grote mensen. En het is in het belang van ons onderzoek.'

Wietske lacht weer hard.

'Sssst,' waarschuwt Victor, 'dadelijk hoort Dries ons.'

Stef mompelt: 'Stomme koe.'

'Nou zeg!' fluistert Wietske nijdig en ze geeft hem een duw tegen zijn schouder.

'Nou zeg!' herhaalt Stef zachtjes en hij duwt net zo hard terug.

'O nee,' kreunt Victor, 'geen ruzie. Zo verpesten jullie de test.'

'Maar zij beukt weer,' sist Stef.

'En hij...' begint Wietske.

'Ophouden!' fluistert Victor streng.

In de badkamer van Dries klinkt gezang: *'Dein ist mein ganzes Herz.'* Of eigenlijk is het meer brullen.

De kinderen schieten in de lach.

Wietske klimt op de ladder en gluurt voorzichtig door het gat.

'Wat zie je, wat zie je?' vragen Stef en Victor tegelijk.

'Hij zit in bad en hij zingt,' fluistert Wietske.

'Dat horen we,' zegt Victor droog.

'En zijn piemel?' vraagt Stef.

Wietske haalt haar schouders op. 'Hij zit met zijn rug naar mij toe.'

'Daar hebben we niks aan,' zegt Victor.

'Hij boent zijn rug.'

Stef kijkt ongerust naar de keukendeur. Als zijn moeder nou maar niet buiten komt.

'Het is een mooie badkamer,' zegt Wietske zacht.

'De piemel!' kreunt Stef. 'Kijk nou naar zijn piemel.'

'Wacht, hij staat op uit bad. Ik zie zijn billen.'

'Het gaat gebeuren!' fluistert Stef opgewonden.

'Hij draait zich om!'

Gespannen kijken de twee jongens naar Wietske. Haar mond valt open en ze blijft doodstil staan. Als een standbeeld.

'Wat zie je?' vraagt Stef.

Wietske bloost en klautert snel weer naar beneden.

'Zeg nou iets, Wiets! Hoe groot is dat ding van hem?'

Wietske haalt haar schouders op en stamelt: 'Ik heb nooit eerder een blote man gezien. Hij heeft overal haren. Net een aap.'

'Nu moet ik het weten!' roept Stef en hij racet de ladder op. Hij loert naar binnen en kijkt recht in het gezicht van zijn buurman. 'Ben jij het, Stef?' buldert Dries.

Van schrik antwoordt Stef braaf: 'Ja Dries.'

'Ben je nou helemaal bedonderd! Kan een mens niet eens meer rustig in bad zitten!'

Stef weet niet hoe snel hij beneden moet komen en valt met ladder en al in de groentetuin van zijn moeder.

In de schuur horen ze een enorm kabaal. Dries gaat als een dolle tekeer. Dit is de tweede keer in zijn leven dat Stef zijn buurman hoort vloeken.

Stef krabbelt overeind. 'Vlug, onze schuur in!'
Ze hollen erheen. In het voorbijgaan geeft Stef een keiharde trap tegen een bal die vlak voor de schuurdeur ligt. Hij belandt keurig op het dak van het duivenhok van Dries.
In het schuurtje krijgt Wietske de slappe lach. Haar gebulder moet in de hele koloníe te horen zijn.
Stef en Victor schateren het ook uit.
Als ze uitgelachen zijn, vraagt Wietske aan Stef: 'Heb je je pijn gedaan?'
Stef wrijft even over zijn knie. 'Valt mee. Alleen die ladder ligt er nog en er zijn een paar boerenkolen geplet. Dat is veel erger.'
De anderen knikken. Vrijwel iedere mijnwerkersfamilie heeft een groentetuintje achter het huis. En alle kinderen weten van jongs af aan dat het verboden gebied is, want bijna het hele jaar worden er groenten gegeten uit eigen tuin.
Wietske geeft een aai over de knie van Stef. 'We halen die ladder straks weg.'
'En de boerenkool?' vraagt Stef treurig.
'Die lappen we weer op.'
Victor grinnikt: 'EHBO voor boerenkool.'
'Als mijn moeder het ziet!' kreunt Stef.
Victor begint gauw over iets anders. 'Waarom trapte jij die bal weg?' vraagt hij.
Stef leeft meteen weer op en antwoordt trots: 'Alibi.'
'Wat?'
'Ik zeg gewoon dat ik onze bal van het dak wilde halen en toen per ongeluk naar binnen keek.'
Vol bewondering kijkt Victor hem aan en Wietske roept: 'Wat ben jij een fantastisch liegbeest.'
Plotseling horen ze de boze stem van Dries Pelt. 'Volgens mij zitten ze in de schuur.'

De kinderen kijken elkaar aan.

Stef fluistert: 'Bal op het dak.'

De deur van de schuur knalt open. Op de drempel staat Stefs moeder. Achter haar zien ze de brede gestalte van buurman Dries. Hij moet zich razendsnel aangekleed hebben.

'Komen jullie maar eens even naar buiten,' commandeert Stefs moeder.

Met uitgestreken gezichten stappen de kinderen de tuin in.

'Stef,' zegt Dries boos, 'ik wens niet door jou bespioneerd te worden, jonkie. Je lijkt potverdrie de mijndirectie wel.'

Dat 'potverdrie' stelt Stef gerust. Dries gebruikt een namaakvloek. Hij is vast niet meer echt kwaad.

Stef doet braaf zijn verhaal over de bal die op het dak ligt.

'Mm-mm,' zegt Dries.

'Mooie badkamer heb je,' zegt Stef gauw.

'Nou en of!' roept Wietske.

Dries kijkt haar wantrouwend aan. 'Hoe weet je dat? Moest jij ook die bal van het dak halen?'

'Ja... eeeh... nee. Stef vertelde het.'

'Ja ja,' zegt Dries smalend, 'ik haal zelf die bal er wel af en ik zal dat gat meteen dichttimmeren. Ik maak wel een nieuw gat aan de andere kant in mijn eigen tuin. Dat moet voor de ventilatie. Daar heb ik in elk geval geen last van vieze gluurders.' Op zijn gezicht verschijnt een brede grijns.

'Kom,' zegt Stefs moeder tegen hem, 'mijn man zit binnen aan de borrel. En hij heeft een goede sigaar voor je.'

Dries loopt met Stefs moeder mee. Bij de keukendeur draait hij zich nog even om. 'En geen ladders meer tegen mijn schuur, hè! En zeker niet tegen mijn duivenhok. Daar schrikken mijn beestjes van en dat kan ik niet hebben. Begrepen?'

'Ja Dries,' antwoordt Stef. En Victor en Wietske knikken braaf mee.

'Zondag moet Harrie weer vliegen, dus die moet rust hebben.'

'Is dat de televisieduif?' vraagt Wietske.

'Ja!' roept Dries en hij glimt van trots.

De duiven zijn heilig voor Dries. Hij heeft er al heel wat prijzen mee gewonnen, vooral met Harrie. Die is vorige maand helemaal terug komen vliegen uit Frankrijk en kwam als eerste aan. Volgens Dries omdat het de enige duif is met een zwart vlekje op zijn kopje. Dries won een televisie met Harrie. Hij is de eerste in Oranjedorp met een tv.

Dries en Stefs moeder verdwijnen naar binnen.

Stef holt naar het groentetuintje.

De schade aan de boerenkool valt mee.

Victor duwt hier en daar wat bladeren recht en Wietske helpt Stef met de ladder naar binnen brengen.

Even later zitten ze weer met zijn drieën in de schuur.

'Mag ik nou bij de club?' vraagt Wietske.

'Ja,' zegt Victor.

'Nee,' zegt Stef, 'want de test is mislukt.'

'Dat vind ik gemeen,' roept Wietske. 'Ik heb de test toch gedaan? En ik kan er niks aan doen dat Dries net een aap is.'

'Dat is waar,' zegt Victor.

'Misschien aspirant-lid?' stelt Stef voor. Dat heeft hij een keer in de *Katholieke Illustratie* gelezen. 'Dan ben je lid, maar niet helemaal. We verzinnen nog een andere test en daarna ben je pas echt lid.'

'Dat is goed,' zegt Wietske.

'Maar in onze club wordt niet gebeukt,' waarschuwt Victor. 'Ruzies praten we uit.'

'Ik zal het proberen,' belooft Wietske.

'En je mag vast ons lied leren,' zegt Victor.

Even later klinkt vanuit het schuurtje: 'We worden later koempel...'

Twee hoge jongenstemmen en de donkere hese stem van een meisje met een klankkast.

Een leugentje van geluk

Op donderdagmiddag, na schooltijd, gaat Stef vaak bij zijn opa langs. Meestal samen met Victor.
Oma is dan niet thuis, omdat ze gaat kienen in het buurthuis.
Opa kan prachtig vertellen over de tijd dat hij onder de grond werkte. Met zijn vrouw erbij doet hij dat niet. Oma heeft een hekel aan de verhalen over de mijn. Maar Stef en Victor kunnen er geen genoeg van krijgen. Gewoonlijk zijn het stoere verhalen over vriendschap en de gevaren aan het kolenfront. Maar opa kan de mijn ook vervloeken en tekeergaan over de bazen, de vuiligheid, de hitte en het stof. Het hangt er maar van af of hij goed geslapen heeft. Opa heeft last van stoflongen. Vooral 's nachts kunnen die opspelen en dan heeft hij het heel benauwd.
'Mijn longen zijn vanbinnen pikzwart,' zegt opa dikwijls. 'Door al het koolstof dat ik jarenlang heb gevreten. Net zo

zwart als de binnenkant van mijn oren. Die krijg je zelfs met honderd keer poekelen niet meer schoon.'

Vandaag mag Wietske mee naar opa.

'Want als aspirant-lid,' zegt Stef tegen haar, 'moet je zijn verhalen kennen.'

'Dat hoort bij de opleiding tot Jonge Koelpiet,' voegt Victor eraan toe.

Als ze bij opa binnenstappen, worden ze ontvangen met een knetterde vloek en opa zegt: 'De halve nacht heb ik opgezeten door die verrotte longen.'

'Dag opa,' zegt Stef en hij geeft hem een zoen.

'Moest ik weer mijn bed uit,' moppert opa verder. 'Anders doet je oma geen oog dicht door al dat gepiep en gerochel van mij. Van ellende ben ik in de kelder gaan zitten. Daar is het koel en dat geeft weer wat lucht. Zit je daar midden in de nacht in de kelder door die klotemijn.'

Ineens ziet opa dat Wietske erbij is. 'Neem me niet kwalijk, jongedame. Zulke woorden geven geen pas in het bijzijn van een meidske.'

'Daar kan Wietske best tegen,' zegt Stef. 'Die vloekt zelf ook.'

'En ze wil de mijn in,' zegt Victor. 'Net als wij.'

Opa lacht. 'Dat zal niet gaan. Géén vrouwen onder de grond.' De lach van opa gaat plotseling over in een hoestbui die steeds erger wordt. Het lijkt alsof er een heel oude hond zit te blaffen.

De drie kinderen kijken elkaar aan. Stef loopt naar zijn opa toe, maar die gebaart dat hij niets mag doen. Opa hijst zich uit zijn stoel en grijpt een bakje dat op het tafeltje naast hem staat. Met een flinke rochel spuugt hij er een dikke klodder zwart slijm in.

Wietske draait haar hoofd weg en mompelt: 'Gatver.'

'Zo, dat lucht op,' verzucht opa. 'Die fluim is er eindelijk uit! Hij zat al de hele nacht te wringen. Ik ben er weer. Ga zitten, kinderen.'

Aarzelend schuiven de kinderen naast elkaar op de grote bank tegenover opa's leunstoel. De kamer van het huis is maar klein en lijkt nog krapper doordat het er propvol meubels staat. Een eettafel met vier grote stoelen voor het raam aan de voorkant, een hoge kast tegen de muur en een zwaar bankstel rondom de kachel. Het is er ook vrij donker, want dat vindt opa prettig.

'Daar schrikken jullie van, hè?' zegt opa als hij weer in zijn stoel zakt. 'Een cadeautje van de mijnen. En weet je wat het ergste is? Pas nadat ik afscheid had genomen, kreeg ik last van die longen. Niet onze schuld dus, zeggen de hoge heren dan. Hoeven ze niks te betalen.' Opa pakt een pijp van het tafeltje en begint die langzaam vol tabak te stoppen. 'Het komt door het roken, zei de dokter. Allemaal smoesjes. Jullie moesten eens weten hoeveel stof er vrijkomt als je kolen hakt. Maar ik laat me mijn pijp niet afpakken. Door niemand niet!' Hij kijkt Wietske even doordringend aan. 'Van wie ben jij er een?'

'Van Heemskerk.'

'O, van Fien van dikke Wouter.'

Wietske knikt. Hier in de koloníé heb je eigenlijk geen achternaam. Fien is haar moeder en dikke Wouter haar opa.

'Dat was een goeie koempel, dikke Wouter,' vertelt opa. 'Hij kwam uit Holland en geloofde helemaal niks. Een heiden, maar toch een fijne kerel. Veel te vroeg gestorven. Hartaanval, en weg was hij. Ik ben samen met hem begonnen als paardenjongen. Dat was een mooie tijd.'

Stef haalt opgelucht adem. Opa is uitgemopperd en gaat iets leuks vertellen over vroeger.

Opa houdt een lucifer boven zijn pijp en zuigt de lucht aan. De vlam flakkert een paar keer en gaat uit. Uit opa's mond komt een grote rookwolk. De kamer vult zich met de zoete geur van pijptabak.

'Ja kinderen, in die tijd werden de kolenwagens nog getrokken door paarden. Tegenwoordig zetten ze er van die prachtige locomotiefjes voor, maar dat was vroeger anders.'

'Paarden onder de grond?' vraagt Wietske verbaasd.

'Heeft die ouwe Wouter je dat nooit verteld?'

'Nee, mijn opa was al dood toen ik geboren werd en mijn moeder vertelt nooit iets.'

'En je vader?'

'Die werkt boven de grond op het mijnkantoor.'

'O ja,' zegt opa minachtend, 'je vader is beambte. De hele dag in zijn nette pak achter zijn bureau. Die heeft geen idee wat we eigenlijk uitspoken in de mijn.'

'Vertel nou van de paarden, opa,' zegt Stef. Hij wil niet dat opa weer gaat mopperen.

'Goed jongen. Ik was dertien toen ik de mijn in ging. Dat is al meer dan vijftig jaar geleden. Het was in de begintijd van de mijnen. Er waren hier wel wat mijnen, maar rond het jaar 1900 kwamen er in korte tijd een heel stel bij.

Ik kom uit een boerenfamilie, maar mijn oudste broer zou de boerderij overnemen, dus zocht ik wat anders. Eigenlijk mocht ik niet van mijn vader. Die vond mijnwerkers maar smerig volk. Er zaten in die tijd ook heel wat viezeriken tussen. Ze kwamen overal vandaan. Je had bijvoorbeeld Itakken en Polakken.'

'Wat?' vraagt Victor.

'Zo noemden we de Italianen en de Polen. Mijn beste vriend Mario was een Itak. We waren vrienden onder én boven de grond. Dat komt niet vaak voor. Kijk, in de mijn

ben je altijd dikke maatjes met de andere koempels, want daar heb je elkaar hard nodig. Maar bovengronds liet je de Itakken meestal links liggen. Behalve Mario, want dat was een fijne vent. Maar je had er ook vuilakken onder, hoor.
De meeste jongens werkten hier maar voor een paar jaar en gingen daarna terug naar hun eigen land. Daarom huurden twee Itakken soms maar één bed bij iemand om geld over te houden. Als de een 's nachts in de mijn werkte, sliep de ander in het bed. En overdag ruilden ze. En maar één keer in de maand je bed verschonen. Lekker fris. De smeerlappen! Maar zo verdienden ze wel wat extra centen, dus dat was slim bekeken.'
De kinderen lachen en opa steekt zijn gedoofde pijp opnieuw aan.
'Je had in die tijd ondergrondse stallen. Stel je voor: op driehonderd meter diep, dat is wel tien kerktorens diep, stonden de paarden. Ik moest voor Lisa zorgen. Dat was een mooi klein bruin paardje. Maar sterk als een beer en ze had prachtige ogen.
Vanaf de eerste dag dat ze beneden kwam, sloten we vriendschap.
Ik zie haar nog komen. Dat was het ergste voor zo'n beestje. Ze werd in een soort tuig onder aan de liftkooi in de schacht gehangen. Alsof ze een grote broek aanhad. En in dat ding zakte ze doodsbang en schuimbekkend het zwarte gat in. Driehonderd meter naar beneden.
Daar wachtte ik Lisa op en trokken we haar met een paar koempels de mijngang in. Ik dacht: die valt hier meteen dood neer, zo zag ze eruit. Haar mooie ogen puilden uit haar hoofd. Ze was drijfnat van het zweet en sidderde over haar hele lichaam. Ik sloeg mijn arm om haar nek alsof het mijn eigenste meidske was en begon lieve woordjes in haar oor te fluisteren. En warempel, ze werd langzaam rustig en

vanaf dat moment waren we vrienden. Daarna bracht ik haar naar de stal, zette haar in het stro en gaf haar voer en drinken.

Iedere dag zette ik haar voor de wagens met kolen en die brachten we samen naar de liftkooi. En daarna weer terug met lege wagens naar de kolenpost waar de mannen aan het hakken waren. Vaak was het een half uur heen en een half uur terug. Maar dat maakte Lisa niks uit en ik verwende haar natuurlijk zoveel als ik kon. Ik nam suikerklontjes mee of ik plukte vers gras of klaver. Zakkenvol sjouwde ik mee naar beneden. Dat vond ze heerlijk, want ze kwam nooit meer boven de grond.'

'Nooit meer,' zegt Wietske, 'dat is zielig.'

'Nee, daar konden we niet aan beginnen. Het was al zo'n ellende om die dieren naar beneden te takelen. Als ze dát eenmaal hadden overleefd, lieten we ze maar onder in de mijn. Maar we zorgden goed voor ze, dus zo slecht hadden die beestjes het niet.

Iedere paardenjongen had zijn eigen dier. En mijn Lisa was de mooiste en de slimste, want ze kon tellen. Ze trok nooit meer dan zeven wagens tegelijk. Als je er een achtste bij zette, vertikte ze het om te trekken. Dan verzette ze geen poot meer. Ja kinderen, mijn Lisa staakte als het haar te veel werd. Dat heb ik nooit gedurfd en de andere koempels ook niet.

Later werd ik houwer. Toen mocht ik met een afbouwhamer de kolen eruit hakken. Dat is een soort grote drilboor waarmee je de zwarte wand te lijf gaat. Vaak lag je op je rug in van die lage gangetjes met zo'n loodzware afbouwhamer in je handen.

Het kolenstof probeerden we een beetje in bedwang te houden door water tegen het front te spuiten.

Lag je daar te werken in van die smerige zwarte kolensoep,

in de bloedhitte. Want hoe dieper je onder grond komt, hoe warmer het wordt. Alsof je in de hel terechtgekomen bent. En alsof dat al niet erg genoeg was, hadden die gekken op het mijnkantoor ineens bedacht dat we te wéínig naar boven haalden. De opzichters begonnen ons op te jagen en dreigden dat ze geld zouden inhouden op ons loon. We moesten méér uithakken, nog méér kappen.

De koempels mopperden onder elkaar, maar niemand durfde te protesteren bij de hoofdopzichter. Je balde van woede je vuisten, maar dan wel in je broekzak, zodat de bazen het niet konden zien.

En staken was er helemaal niet bij, want je was bang om ontslagen te worden. Dan was je je werk kwijt en werd je met vrouw en kinderen uit je huis gezet. Gewoon weggejaagd van de koloníé. De mijnbazen hebben ons altijd uitgebuit. En als dank heb ik nou die verrotte longen.'

Het blijft even stil en Stef denkt: het gaat weer de verkeerde kant op. Daarom vraagt hij gauw: 'Vertel eens van die dag dat u door Lisa gered werd, opa?'

Zijn grootvader begint helemaal te stralen. 'Nee, dat was 's nachts. Ik had nachtsjiech. We hadden net geladen aan het kolenfront en reden terug naar de kooilift. Ineens bleef Lisa staan. Ik dacht: ik heb zeker een wagen te veel aangehangen. Maar dat was niet zo. Ondertussen waren de andere mannen net gestopt met houwen en zaten te bóéteren. Dat is eten.'

De kinderen knikken, want dat woord kennen ze.

'Het was even heel stil. Dat komt niet vaak voor, want meestal is er een hoop kabaal in de mijn. Ik hoorde alleen een van de houwers vloeken. De ratten hadden zijn brood opgegeten. Het barstte daar in die tijd van de ratten. Die kwamen mee naar beneden in het stro voor de paardenstallen. Ik sloeg Lisa op haar kont en riep: "Vooruit, schiet eens op, meidske." Maar ze bleef stokstijf staan. En toen dacht ik: het is wel erg stil. Normaal hóór je de mijn. De stutten kraken zachtjes en het rommelt altijd een beetje boven je kop. Dat is meestal een goed teken. Een mijn moet léven, dan is hij veilig. Maar het was stil, doodstil. Je hoorde zelfs geen water meer druppelen en dat is raar, want er is altijd water in de mijn. De mannen kregen het ook in de gaten en de opzichter riep: "Sjeng, kom hier!"

En toen gebeurde het. Eerst hoorde ik een paar korte doffe slagen boven mijn kop, alsof het onweerde. De klappen kwamen steeds sneller achter elkaar en werden steeds harder en harder. De opzichter schreeuwde weer: "Sjeng, kom hier!"

Ik stond vlak naast Lisa en ze keek me met grote bange ogen aan. En het enige wat ik dacht, was: ik laat mijn meidske niet in de steek.

En toen ging het mis. Met donderend geraas stortte een paar meter voor ons de mijngang in. Ik sloeg mijn armen om de nek van Lisa, drukte mijn hoofd in haar manen en begon te bidden: "Lieve God, alsjeblieft, red Lisa, red mij."

Het duurde minutenlang. Ik duwde mijn kop nog vaster tegen haar aan, huilde en bad als een gek, steeds maar hetzelfde: "Lieve God, alsjeblieft, red Lisa, red mij." Maar ik wist zeker dat het afgelopen was. Dat we bedolven zouden worden onder de zware stutten en de grote brokken kolen.

Maar ineens was het voorbij. Alsof iemand in één keer een grote schuif dichtdeed. Van het ene moment op het andere was het weer stil.

Ik kon niks meer zien, want er hing een dikke gore zwarte stofwolk in de gang. De manen van Lisa waren kletsnat. Dat kwam door mijn tranen, want ik had mijn ogen uit mijn kop gejankt, als een klein kind. Maar we leefden! Als

Lisa een paar meter was doorgelopen, had ik hier niet gezeten. Het was een fantastisch beestje.'
De kinderen zien weer tranen in de ogen van opa. Hij
graait een zakdoek uit zijn broek en veegt ze weg, terwijl
hij mompelt: 'Ik word een sentimentele ouwe kerel.'
Victor vraagt stomverbaasd: 'En Lisa en u hadden verder
hélemaal niks?'
'Nee jongen, viel dat even mee. Ik had alleen een wond op
mijn hand. Dat was alles. Verder was het natuurlijk een
grote puinhoop. We konden de eerste tijd geen hand voor
ogen zien door het stof en onze benzinelampen waren uit-
gegaan. Iedereen zat te rochelen en te hoesten. De opzichter riep tussen twee rochels door: "Sjeng, ben je daar?"
"Ja meester," antwoordde ik. "En mijn Lisa ook!"
De mannen begonnen luid te juichen, want ze dachten dat
we dood waren.
Daarna hebben we uren zitten wachten op hulp. We wisten
zeker dat die zou komen, want koempels laten elkaar nooit
in de steek. Door de instorting was de luchttoevoer kapotgegaan. En de telefoonleiding en de buizen van de pers-
lucht, waarmee de afbouwhamers worden aangedreven.
Zelf konden we dus niks meer doen en de gang zat pot-
dicht. Het werd steeds warmer en warmer en Lisa kreeg
het stinkend benauwd, net als wij. Sommige mannen begonnen te bidden. Ze riepen de heilige Barbara aan, want
die helpt mijnwerkers als ze in nood zijn. En anderen vertelden verhalen over vroeger. Er waren er zelfs een paar die
nog in Kasper de mijngod geloofden. Die wordt af en toe
boos en begint te grommen en te brullen, omdat we kolen
stelen uit zijn ondergrondse koninkrijk. Er was ook een
koempel die ons lekker maakte door op te noemen wat hij
allemaal zou doen als hij er weer uit kwam. Zich volgieten
met bier en met zijn meidske feestvieren.

Die wond op mijn hand was lelijk gaan bloeden. De opzichter bond er mijn halsdoek omheen en hij zei dat ik er maar een keer flink op moest pissen. Dat doen mijnwerkers vaker.'

De kinderen trekken een vies gezicht en Victor mompelt: 'Smerig.'

Opa haalt zijn schouders op. 'Dat was het daar beneden toch al. En het schijnt goed te helpen tegen infecties en zo. Maar ik heb het niet gedaan, want ik had het veel te druk met Lisa. Het ging helemaal niet goed met haar. Paarden hebben veel meer lucht nodig dan mensen, maar het werd steeds benauwder en de lucht werd langzaam ijler. Mensen kunnen het best lang uithouden in een afgesloten gang. Als je je maar rustig houdt. Voor paarden is dat veel moeilijker. Lisa zweette en ademde heel zwaar. Ik bleef steeds bij haar zitten en probeerde haar te troosten.

Na een paar uur hoorden we wat. De reddingsploeg boorde een gat naar ons toe, waar ze een leiding met lucht doorheen staken. Net op tijd, want Lisa had het niet meer. Ze lag echt op apegapen. We hebben de leiding naar haar toe getrokken en langzaam ging het wat beter met haar.

Toen we eindelijk bevrijd werden, was het al dag. We werden boven met gejuich ontvangen. Buiten, voor de poort, stonden onze familieleden te wachten. Want zo gaat dat bij een mijnramp. Je familie mag niet naar binnen. Ik heb mijn vader nooit zien huilen, behalve die ene keer.'

Opa klopt zijn pijp uit en stopt hem opnieuw. Zwijgend kijken de kinderen toe als hij hem weer aansteekt. Een weeïg zoete geur verspreidt zich door de kamer.

Stef kijkt naar de kleine wolkjes die rondom opa's hoofd zweven en ineens bekruipt hem een raar gevoel. Als Lisa er niet geweest was, had opa hier niet gezeten. En dan zou pap nooit geboren zijn. En hijzelf ook niet. En dan zou hij vandaag hier niet gezeten hebben tussen Victor en Wietske. Hij zou dood zijn. Nee, hij zou nooit geleefd hebben. Die gedachte verwart hem.

Opa ziet aan Stefs gezicht dat er iets is. 'Is het goed met je, jongen?'

'Ja hoor.'

Opa kijkt hem even doordringend aan. Stef wordt er ongemakkelijk van.

Maar gelukkig vraagt Wietske weer iets. 'Opa van Stef, hoe ging het verder met Lisa?'

Opa knikt. 'Lief dat je dat vraagt, meidske. Mijn paardje is helemaal opgeknapt en heeft nog een paar jaar in de mijn gewerkt. Toen werd ze mijnblind, want dat gebeurde meestal met die paardjes. Altijd onder de grond, nooit eens frisse lucht en geen straaltje daglicht.

Ik was intussen bevorderd tot houwer en zag haar veel minder. Maar toen ik een paar jaar later hoorde dat Lisa naar boven ging, was ik er als de kippen bij. De meeste paarden gingen naar het slachthuis, maar dat wilde ik niet. Mijn broer zat inmiddels op de boerderij en daar mocht Lisa haar laatste jaren doorbrengen. Haar mooie bruine ogen waren dof geworden. Het licht was er bijna helemaal uit, maar gelukkig kon ze er nog een heel klein beetje mee zien. Net genoeg om van haar stal naar de wei te scharrelen en terug.

Zo kinderen, dat was het verhaal van mijn Lisa.'

Wietske zucht: 'Dat was een spannend verhaal, opa van Stef.'

'Dank je meidske, maar nu ben ik moe en moeten jullie gaan. Ik wil even liggen.' Opa klopt zijn pijp weer uit en kijkt de kinderen een voor een aan. 'Maar laat jullie niks wijsmaken door dit soort mooie verhalen. De mijn is prachtig, je sluit daar beneden vriendschappen voor het leven. Maar de mijn is tegelijkertijd een monster dat mensen opslokt. Mijn vriend Mario hebben ze na een gasontploffing nooit meer teruggevonden. En dan zeggen ze ook nog: *"Glück auf."* Weet je wat dat is? Een léúgentje van geluk. Jullie zijn jong, maar vroeger wisten we niet beter. Ga nooit de mijn in. Laat je niet gek maken.'

Ineens horen ze achter zich een stem. 'Zo vader, zit u weer te mopperen?'

Het is de vader van Stef die binnen is gekomen zonder dat ze het gemerkt hebben. Als je naar hem kijkt, weet je bijna zeker hoe zijn zoon er later uit zal zien. Stef heeft dezelfde zwarte krullen en donkerbruine ogen als zijn vader.

'Ik kom Stef halen, want we moeten eten. En ik dacht: ik zeg meteen opa even gedag. Zit hij hier die kinderen een beetje op te stoken!'

'Kom,' zegt Stef tegen Wietske en Victor, 'we moeten gaan.' Hij weet al wat er gaat komen. Zijn vader en zijn opa hebben vaker ruzie over de mijn.

'Laat je maar niet gek maken door *opa*,' zegt Stefs vader. 'Die werkte in een heel andere tijd in de mijn. Tegenwoordig is het allemaal veel beter. Koempel is het mooiste beroep dat er bestaat!'

Langzaam komt opa overeind uit zijn luie stoel. Hij houdt zijn pijp vast alsof hij een pistool op Stefs vader richt. 'O ja?' roept hij boos. 'Het is er net zo smerig als altijd. Stof, hitte, modder, ratten en de lucht van paardenpis! En als het dak naar beneden lazert, ben je kapot.'

Stefs vader lacht smalend. 'Horen jullie dat? Er zijn al jaren geen paarden meer in de mijn. Tegenwoordig rijden er treintjes en werken we met moderne machines. Enorme kolenschaven die in één keer een hele wand van een meter of dertig kunnen afschrapen.'

Opa wordt nog bozer. 'Maar verder is er niks veranderd. De

opzichters jagen je nog steeds op en houden alles in de gaten. Je kunt je kont niet keren of de mijndirectie weet ervan. Mollen waren we en dat zijn we nog steeds: smerige mollen! Maar dát zal niet lang meer duren.' De scheldpartij van opa gaat over in een korte hoestbui en hij valt uitgeput terug in zijn stoel.

Met grote ogen staren de kinderen naar opa. Dan grijpt hij naar een tijdschrift dat naast hem op de grond ligt. Het is de *Katholieke Illustratie*. 'Hier, kijk zelf maar,' hijgt opa. 'Er staan deze week zelfs drie advertenties in van oliekachels. Het is afgelopen met de steenkool!' Met trillende vingers bladert hij door het blad. Als hij halverwege is, scheurt hij er een advertentie uit en houdt die omhoog. Het is een foto van een grijze vierkante kachel. Met grote letters staat eronder: *INVENTA, de nieuwe kachel op oliestook, de warmte van de toekomst.*

Met ingehouden woede leest opa de rest van de tekst voor: 'Nooit meer last van kolenstof en kolendamp in uw huiskamer. Nooit meer uw kachel hoeven bij te vullen. Met olie brandt uw haard automatisch. Een nieuwe tijd is aangebroken. Het tijdperk van de kolenkachel is voorbij.'

'Allemaal reclamepraatjes,' zegt Stefs vader.

'O ja, en wat vind je dan hiervan?' Opa rommelt in een stapeltje papieren dat naast hem op het tafeltje ligt. Hij haalt er een klein berichtje tussenuit dat hij uit de krant heeft geknipt en leest het voor: 'Aardgas in Groningen. Op dit moment wordt in Oost-Groningen bodemonderzoek gedaan door de Nederlandse Aardolie Maatschappij. Men vermoedt dat er onder deze provincie een groot aardgasveld ligt. Mocht dit het geval zijn, dan zou ons hele land hiervan kunnen profiteren. Dat zou ingrijpende gevolgen kunnen hebben voor onze mijnbouw en de werkgelegenheid in Zuid...'

'En u gelooft dat?' roept Stefs vader verontwaardigd. 'U denkt dat olie en dat beetje aardgas het kunnen winnen van onze kolen? U brengt Stef alleen maar in de war met die onzin. Hij wil gewoon koempel worden, net als u en ik, en daar moeten we trots op zijn.'

Opa frommelt het krantenknipsel in elkaar en gromt: 'Over tien jaar zijn onze mijnen allemaal dicht. En dat is maar goed ook. Het is mooi geweest. Er zijn al genoeg mensen aan kapotgegaan.'

Stefs vader zucht en gaat naast de kinderen op de bank zitten. 'Jullie moeten die kletspraatjes niet geloven. We hebben hier in Limburg al zo lang mijnen. Dag en nacht gaan wij koempels naar beneden om ons brood te verdienen. Maken jullie je maar geen zorgen. De mijnen verdwijnen niet zomaar.'

'Hoe durf je tegen je oude vader te zeggen dat hij kletspraatjes verkoopt!' roept opa boos en meteen krijgt hij weer een hoestbui.

Stefs vader gebaart naar de kinderen dat ze moeten gaan. 'Ik blijf wel hier tot hij gekalmeerd is.'

Stef, Victor en Wietske lopen vlug naar buiten. Ze voelen alle drie hetzelfde: als grote mensen ruziemaken, weet je niet waar je kijken moet.

In het achtertuintje blijven ze even staan.

'Jouw opa kan mooi vertellen,' zegt Wietske.

'En mopperen,' zegt Stef en hij schaamt zich.

Victor slaat een arm om de schouder van zijn vriend. 'Dat geeft niks, want ik wil die verhalen van hem niet missen. Het verhaal over Lisa schrijven we in ons schrift, maar we laten ons niet gek maken door jouw opa.'

Dankbaar kijkt Stef hem aan.

Victor slaat zijn andere arm om Wietske heen en zet het lied van de Jonge Koelpieten in.

Wietske brult om het hardst mee.

Maar het kost Stef moeite om mee te zingen, want weer voelt hij die angst. Dezelfde angst waarmee hij wakker werd na de droom over zijn eerste sjiech.

Dagelijkse zonden en doodzonden

Op vrijdagmiddag hebben Stef en Victor weer met Wietske afgesproken. Ze zitten met zijn drieën op hun hurken onder de tamme kastanje op het pleintje.

'Ik krijg kramp,' zegt Wietske. 'Ik wil liever gewoon op de bank zitten.'

Stef kijkt op de klok van de kerktoren. 'Je zit pas vijf minuten. Zo word je nooit een koelpiet. Echte mijnwerkers kunnen het een uur volhouden.'

'Au!' kreunt Wietske.

'Alle begin is moeilijk,' zegt Victor. 'Probeer het nog een paar minuten. Dan is het precies half vijf.'

'Goed,' zucht Wietske.

'Zullen we iets spannends vertellen?' stelt Stef voor. 'Dat leidt af.'

'Ja, doe maar.'

'Vanmiddag was de pastoor op school. Die komt op vrijdag

altijd catechismus geven. Hij vertelde over de heilige Barbara. Dat is een vrouw die heel lang geleden leefde. Als mijnwerkers in nood zitten, bidden ze tot haar. Net als in het verhaal van mijn opa.'

'Dan bid ik nu tot dat mens!' roept Wietske wanhopig.

'En jij bidt anders nooit?' zegt Stef.

'Nee, maar ik zit in nood.'

De torenklok slaat een korte heldere slag: half vijf.

Wietske komt met moeite overeind.

'Een wonder,' zegt Victor droog. 'De heilige Barbara heeft je gered.'

Wietske ploft op de bank en de jongens gaan naast haar zitten.

Een stuk verderop, bij de muziektent, spelen een paar andere kinderen. Colla Hameleers is er ook bij. 'Hé dikke Heemskerk,' roept hij als hij Wietske en de twee jongens in de gaten krijgt, 'heb je tegenwoordig twee vrijers?'

En Fonske Bindels, die altijd als een hondje achter Colla aan loopt, zingt: 'Twee vrijers, twee vrijers, Wietske heeft twee vrijers!'

Wietske zucht. 'Ik heb Colla vorige week nog gebeukt en nou begint hij weer.'

'Dat heeft dus niets geholpen,' zegt Victor.

'Moet ik je weer een keer komen pakken?' roept Wietske.

'En dat meelopertje van je?'

'Probeer het maar!' schreeuwt Colla terug.

En Fonske roept: 'Dat durf je niet!'

'Laat die stomme Colla toch,' zegt Victor. 'Omdat zijn vader opzichter is in de mijn, denkt hij dat hij meer is.'

'Heiden, heiden!' roept Fonske. 'Stef en Victor zoenen met een heiden.'

En Colla dreunt het versje op waar ze in de koloníé Wietske vaker mee pesten:

'Heiden, heiden!
Gelooft niet in God,
Maar in de heilige pispot.'
'Stelletje schoften!' roept Wietske
'We grijpen ze!' roept Stef.
Met zijn tweeën stormen ze richting muziektent, maar de jongens maken dat ze wegkomen. Ze verdwijnen in het paadje naast de kerk.
Even later komen Stef en Wietske hijgend terug bij Victor. Die zit rustig onder de boom op hen te wachten.
'Ontsnapt,' zucht Stef.
'De rotzakken,' moppert Wietske.
'Wist ik,' zegt Victor. 'Die jongens zijn zo stom als het achtereind van een varken, maar ze kunnen hard lopen. Dat is dan ook het enige.'
'We pakken ze nog wel!' roept Stef verontwaardigd.
'Moet je zeker doen,' zegt Victor. 'Maar vertel nu maar verder over Barbara.'
Stef en Wietske komen weer naast hem zitten.
'Eigenlijk was die Barbara een soort Wietske,' zegt Stef. 'Ze wilde iets wat niet kon.'
'Wilde ze ook in de mijn?' vraagt Wietske.
'Nee, iets anders. Haar vader was een heiden, die geloofde dus niks.'
'Net als mijn vader,' roept Wietske.
'Dat weten we,' zegt Victor. 'Stef, ga door.'
'Maar Barbara was verliefd op een katholiek en dat mocht niet van haar pap. Die sloot haar op in een hoge toren, waar ze niet meer uit kon.'
'Wat stom van die heiden!' roept Wietske.
'Het wordt nog stommer,' zegt Victor.
'Gelukkig zat er een raam in de toren,' zegt Stef, 'en daar klom die katholiek door naar binnen.'

'Dat kan niet,' zegt Wietske. 'Die toren was vast veel te hoog.'
Victor kijkt haar geërgerd aan. 'Ooit van een ladder gehoord? Je hebt er van de week op gestaan met het piemelonderzoek. Stef, vertel verder.'
'Barbara en die katholiek hadden het maar wat gezellig in de toren.'
Victor protesteert. 'Dat heeft de pastoor niet verteld. Hij zei alleen dat ze drie dagen in die toren zaten. De rest verzin je er zelf bij, Stef.'
'Natuurlijk, wat dacht je? Hebben ze daar soms drie dagen uit hun neus zitten eten?'
Wietske lacht luid. 'Vast niet. Die deden heel wat anders. Zoenen en zo.'
'Precies,' zei Stef tevreden, 'maar toen kwam haar vader erachter. Hij sleurde haar uit de toren en sloeg haar hoofd af. Maar toen werd God kwaad. Er kwam een bliksemflits uit de hemel, de grond scheurde open en weg was haar pap.'
'En de katholiek?'
'Die was er allang vandoor gegaan.'
'Wat een lafbek!' roept Wietske. 'Hij was dus net zo erg als die heiden.'
Stef is het helemaal met haar eens.
'Mooi verhaal,' zegt Wietske met een zucht. 'Die vertellen ze bij ons op de openbare school niet. Wij doen niet aan heiligen.'
'Hebben jullie nooit catechismus?' vraagt Stef.
'Nee, wat is dat?'
'Een vervelend boekje met allemaal vragen en antwoorden over het geloof. En die moet je allemaal uit je kop leren.'
'We zijn bij vraag 197,' zegt Victor. 'Die gaat zo: "Wat is de hel? De hel is de plaats waar de verdoemden gestraft worden door de pijnen van het helse vuur."' Hij dreunt het op alsof hij de tafels opzegt.

'Spannend,' zegt Wietske. 'Wat zijn verdoemden?'

'Dat zijn mensen die doodzonden hebben begaan.'

'Wat?'

'Jij weet ook niks, hè?' moppert Victor.

'Leg het dan uit!' roept Wietske.

'Zonden zijn dingen die niet mogen. Je hebt dagelijkse zonden en doodzonden. Bij een dagelijkse zonde krijg je een klein zwart vlekje op je ziel.

'Je ziel?' vraagt Wietske.

'Ja, die hebben katholieken. Die zit ergens vanbinnen of zo. En een doodzonde is een heel grote vlek. Je ziel is dan meteen helemaal zwart.'

'Net als de longen van de opa van Stef.'

'Ja, maar dat is iets anders, want daar kan hij niks aan doen. Dat komt door de koel.'

'Wat een gedoe,' zegt Wietske. 'Dat hebben we niet bij ons op school.'

'Daarom ga jij naar de hel,' zegt Victor.

'Daar geloof ik niks van.'

'Toch is het zo. Mijn vader zit in de hemel, maar heidenen gaan naar de hel.'

'Menen jullie dat echt?' vraagt Wietske een beetje bezorgd.

Victor knikt, maar Stef kan zich niet voorstellen dat Wietske naar de hel moet. Hij zou het heel jammer vinden. Daarom zegt hij gauw: 'Misschien bestaat de hel helemaal niet. Is die gewoon verzonnen door de pastoor om ons bang te maken.'

Wietske haalt opgelucht adem. 'Dat zegt mijn vader ook altijd. De pastoor en de mijnbazen verzinnen van alles om de koempels onder de duim te houden.'

'Zulke dingen mogen jullie niet zeggen,' roept Victor streng. 'Dat is zonde!'

Stef kijkt naar zijn vriend. Ze maken samen vaak grappen

over hun geloof, maar soms kan Victor ineens heel serieus doen. Gelukkig duurt het meestal maar kort. Net als nu, want als Wietske spottend vraagt: 'Is dit nou een dagelijkse zonde of een doodzonde?' begint Victor te grijnzen.

'Nou?' vraagt Wietske.

'Een middelmatige zonde,' antwoordt Victor.

'Wat is dat nou weer?'

Stef schiet in de lach en zegt: 'Een scheet is een middelmatige zonde.'

'Wat?' roept Wietske. 'Jullie hebben maar een raar geloof. Wat is er met die scheet?'

'Dat komt door de pastoor,' zegt Stef. 'Na het verhaal over Barbara begon hij weer over "zonden begaan". Daar zeurt hij vaker over. Toen vroegen de jongens uit onze klas allemaal dingen. Zo van: wat voor zonde is het als je uit de suikerpot snoept? Of als je een keer vloekt?'

'Dat zijn dagelijkse,' zegt Victor .

'En toen kwam de scheet,' gaat Stef verder. 'Victor vroeg wat je kreeg als je een scheet liet. De hele klas lag dubbel en de pastoor werd boos.'

'Maar ik meende het serieus,' zegt Victor.

'En toen?' vraagt Wietske.

'Toen zei de pastoor dat Victor meteen moest gaan biechten,' vertelt Stef, 'omdat dit geen dagelijkse en geen doodzonde was, maar een middelmatige. Niet die scheet, maar dat hij het vroeg.'

'En heb je al gebiecht?' vraagt Wietske.

'Nee, want ik durf niet zo goed.'

Dat snapt Wietske. De jongens hebben haar een keer meegenomen naar de kerk en het laten zien. In een soort kast zit de pastoor op je te wachten en jij moet in de kast ernaast gaan zitten. Door een luikje kun je met de pastoor praten en vertel je hem wat je allemaal hebt uitgespookt. Meestal is het niet veel meer dan: 'Ik heb een keer gevloekt of een snoepje gepikt uit de keukenkast.' Daarna moet je een paar gebeden opzeggen en zijn alle zonden weer vergeven.

'Weet je wat?' zegt Wietske. 'Je biecht je zonden en bij het weggaan laat je een flinke scheet.'

Stef schatert het uit, maar Victor lacht een beetje zuur.

Wietske vraagt hem: 'Zie je ertegen op?'

'Een beetje.'

'Je krijgt vast een heel erge straf,' plaagt Stef. 'Honderd onzevaders bidden of zo.'

'Een bliksemflits uit de hemel,' roept Wietske, 'de grond scheurt open en weg is Victor!'

'En dat allemaal voor een scheet,' zegt Victor kalm.

Stef denkt: wat er ook gebeurt, Victor breng je niet van de wijs. Hij is een echte kameel.

Op dat moment komt er een grote vrachtauto het pleintje op rijden. Op de zijkant staat in gekleurde letters: *Rondo Wasmachines, voor het gemak in uw huis.*

Wietske staat op. 'Die moet bij ons zijn.'

Verbaasd kijken de jongens haar aan.

'Mijn ouders hebben een wasmachine gekocht.'

'Zo'n grote vierkante bak,' vraagt Stef, 'met een wasmachine erin en een centrifuge?'

Nu is Wietske verbaasd. 'Hoe ken jij die?'

'Uit de *Katholieke Illustratie* van mijn opa en oma. Daarin staan vaak advertenties voor wasmachines.'

'En voor oliekachels,' mompelt Victor.

'Wij krijgen zo'n echte wasmachine,' zegt Wietske trots.

'Wat een luxe!' roept Stef.

Bijna niemand in de koloníe heeft een wasmachine. Op maandag staan alle huisvrouwen zich in het zweet te werken om de smerige mijnwerkerspakken van hun mannen schoon te krijgen. Meestal worden al op zondagavond grote ketels op het vuur gezet. Daarin staat de vuile was de hele nacht zachtjes te koken. Als je 's avonds laat door de kolonié wandelt, ruikt je overal de geur van soda en groene zeep. Op maandag worden de mijnwerkersjassen en broeken op grote planken gelegd en met de hand geschrobd en geboend. De kolenstof is zo diep in de kleding doorgedrongen dat je uren bezig bent om het eruit te krijgen. Een wasmachine zou heel veel werk schelen, maar voor de meeste mensen is het onbetaalbaar.

Victor vraagt: 'Zijn jullie dan zo rijk?'

Wietske bloost en antwoordt zacht: 'Kunnen jullie een geheim bewaren?'

De jongens knikken en Stef zegt: 'Daar zijn we de Jonge Koelpieten voor.'

'Nou,' begint Wietske aarzelend, 'we kopen op afbetaling. Iedere week moeten mijn ouders een paar gulden betalen, en dat twee jaar lang. En daarna is de wasmachine echt van ons. Maar dat is geheim.'

Dat snappen de jongens. In Oranjedorp wordt dikwijls geroddeld over mensen die dure spullen kopen. De ouders van Fonske Bindels kochten laatst een grote radio. De hele kolonié sprak er schande van, want volgens veel mensen was die ook op afbetaling. En zoiets deed je niet. Als je iets kocht, ging je daar eerst voor sparen en kon je zo alles in één keer betalen.

De enige in het dorp van wie ze zeker wisten dat hij niet op afbetaling had gekocht, was Dries Pelt met zijn televisie. Die had hij echt gewonnen met Harrie, zijn prijsduif met de zwarte vlek op zijn kop.

De vrachtwagen is inmiddels een van de zijstraten ingeslagen.

'Kom op,' zegt Wietske, 'dan gaan we kijken. Maar jullie weten van niks. Beloofd?'

'Beloofd,' antwoorden Stef en Victor.

In de straat bij Wietske voor de deur is een oploopje ontstaan. Zo vaak rijdt er geen grote vrachtwagen de koloníé binnen. Van alle kanten komen er kinderen aanrennen.

Wietske gaat meteen naar binnen om haar ouders te waarschuwen. Stef en Victor blijven buiten bij de andere kinderen.

Twee mannen stappen uit de auto en maken de achterklep open. Met veel bravoure wordt een grote wasmachine uit de wagen getild. 'Oooo,' roepen een paar kinderen vol bewondering, 'een echte wasmachine!'

Inmiddels zijn er een paar volwassenen naar buiten gekomen en iemand zegt: 'Zo zo, de familie Heemskerk laat het breed hangen!'

Wietske, haar ouders en haar zus Femke staan inmiddels ook op de stoep.

Ineens duikt Colla Hameleers achter Victor en Stef op en schreeuwt: 'Op afbetaling! Die wasmachine is op afbetaling!'

Met een ruk draait Stef zich om. 'Hoe weet je dat? Dat is geheim.'

Victor geeft zijn vriend een stomp en fluistert: 'Mond houden.'

Maar het is al te laat. Colla kijkt de twee jongens vals aan en zegt: 'En nú weet ik het helemaal zeker.' En hij brult nog harder: 'Op afbetaling! Dat zeggen Stef en Victor!'

Stef zou met de snelheid van een mijnlift in de grond willen zakken. Wat stom! In plaats van eerst na te denken, zoals zijn vriend doet, flapt hij er weer alles uit. Dat gebeurt hem nou altijd.

Wietske kijkt woedend hun kant op en verdwijnt snel naar binnen. Haar zus Femke loopt achter haar aan.

'Kom, we pakken Colla,' zegt Victor.

Maar als ze zich omdraaien, is Colla al weg.

Even later zitten ze op hun hurken in de achtertuin van Stef.

'Waarom kan ik mijn mond nooit houden?' klaagt Stef. 'Ik verpest onze hele geheime club.'

Victor probeert hem te troosten, maar het helpt niet veel.

Stef wordt gewoon moedeloos van zichzelf. 'Ik ben net zo'n opgewonden standje als mijn opa. Maar voor het werk in de mijn moet je juist heel rustig zijn, zoals jij. Je mag nooit in paniek raken of zo. Dat wordt niks met mij.'

'Onzin,' zegt Victor, 'je opa heeft er ook gewerkt. En we gaan altijd sámen naar beneden.'

Dat is waar, denkt Stef.

'Maar we gaan eerst samen naar Wietske,' zegt Victor.

Als ze even later bij haar de straat in lopen, is iedereen weg.

Ze bellen aan bij Wietske, maar er doet niemand open.

Ze zingen luid het Koelpietenlied, maar het blijft stil.

'Morgen maar weer proberen,' zegt Victor.

'Doen we,' zegt Stef, maar hij is er niet gerust op dat het goed komt.

Allemaal opgedoft

Langzaam tijgert Stef door de lage benauwde mijngang.
De lichtstraal van de mijnlamp op zijn helm zwiept heen
en weer. Het is bloedheet in de pijler. Het zweet gutst over
zijn gezicht.
Hij moet op zijn buik kruipen, want hoe verder hij komt,
hoe lager de gang wordt.
Waar zijn de andere koempels? Net waren ze er nog.
Ze zijn samen in het ondergrondse treintje hiernaartoe ge-
reden. Ze waren meer dan een half uur onderweg vanaf de
liftkooi tot aan het kolenfront.
In de verte hoort hij een stem. 'Stef, gauw deze kant uit,
Kasper de mijngod komt eraan! Hij is woedend!'
Het is de stem van zijn opa. 'Schiet nou op, jongen, dadelijk is het...' Verder komt opa niet, want zijn stem gaat over
in een zware hoestbui. Het geblaf galmt dreigend door de
smalle gang.

Hijgend ploetert Stef verder. Ineens dringt het tot hem door dat er geen stutten meer staan. De houten en ijzeren balken die de gang ondersteunen, zijn weg. Alles is geroofd. Hij ligt in een 'oude man'. Dat betekent dat de boel elk moment kan instorten.

Stef probeert sneller vooruit te komen, maar zijn armen en benen willen bijna niet meer.

Dan ziet hij vlak voor zich iemand op zijn hurken zitten, met zijn broek op zijn schoenen.

De man zit met zijn rug naar hem toe. Stef kijkt tegen een paar witte billen aan.

Dan draait de man zijn hoofd om en glimlacht. Het is de vader van Victor.

Plotseling begint het te rommelen. Korte doffe slagen boven zijn hoofd, als een aanhoudend onweer.

De vader van Victor laat tussen twee slagen door een flinke scheet en roept vrolijk: 'Stef, dit was een middelmatige zonde. Kakkend gaan we naar de hemel of de hel.'

Met een oorverdovende klap komt het dak van de gang naar beneden. Stef geeft een gil.

'Hé jonkie, word eens wakker!' Zijn grote broer Joep, met wie hij de slaapkamer deelt, zit naast hem op de rand van zijn bed. 'Gedroomd?'

Stef kijkt versuft om zich heen en mompelt: 'Ja, ik was in de mijn met de vader van Victor en opa en Kasper. De mijngod was kwaad en toen...'

Joep schudt zijn hoofd. 'Heeft opa weer enge verhalen zitten vertellen? Die ouwe kan het niet laten, hè?'

'Ben jij dan nooit bang?' vraagt Stef.

'Bang? Nee, dat woord kent een koempel niet. Soms voel je wel angst, maar dat probeer je zo gauw mogelijk te vergeten, want anders zet je geen voet meer in de mijn. En als hulp-schiethouwer mag je helemaal niet bang zijn.'

Dat begrijpt Stef maar al te goed. Zijn broer hoeft geen kolen te hakken, maar blaast gangen op.

Hij kan daar met smaak over vertellen. Om bij de kolen te komen moet er eerst een gang gemaakt worden in de harde steenlagen die eromheen liggen. Meter voor meter wordt met staven dynamiet de boel opgeblazen. Het is een heel precies en gevaarlijk werk dat wordt gedaan door de schiethouwers. 'En het mooiste ogenblik is altijd als we de boel laten springen,' vertelt Joep dan. 'We trekken ons terug in een zijgang. De meesterhouwer roept: *"Es brennt"*, en ik mag de hendel induwen die de hele zaak laat ontploffen.'

Joep is hulphouwer, maar volgens zijn bazen brengt hij het vast nog eens tot meester-schiethouwer.

Er wordt geklopt en hun moeder kijkt even om de hoek van de deur. 'Vooruit jongens, opschieten! De kerkklokken luiden al. En pap vindt het vervelend als we te laat komen.'

Stef ziet dat zijn nette kleren klaarliggen op de stoel naast zijn bed. Het is zondag en de hele familie Bronckers doft zich op om naar de kerk te gaan.

Stef rekt zich uit, kijkt naar zijn zondagse kleren en zucht. Het is best leuk om er netjes uit te zien, maar een héle dag is wel erg lang.

Joep loopt naar de hoek van de kamer en roept: 'De wastafel is voor mij!'

'Nee!' roept Stef. 'Toe nou, Joep, ik ben zo klaar.'

Joep grijnst. 'Te laat!' Hij gaat breeduit voor de wastafel staan en bestudeert zijn gezicht in de spiegel.

Het is al heel wat dat de jongens een eigen wastafel op hun kamer hebben. Vroeger moesten ze zich wassen op de kamer van hun ouders. Maar een tijdje geleden heeft hun vader samen met Dries Pelt twee extra wastafels geïnstalleerd. Eentje bij Stef en zijn broer en eentje op de kamer van zijn twee grote zussen.

Vanuit zijn bed kijkt Stef naar Joep die eerst proestend koud water in zijn gezicht gooit en daarna met een washandje over zijn blote bovenlijf wrijft.

Stef denkt: hij krijgt steeds meer spierballen. Dat komt van de mijnen. Die krijg ik later ook.

Terwijl Joep zich afdroogt, vraagt hij: 'Zeg Stef, jij speelt toch met Wietske Heemskerk?'

'Ja.'

'Kom jij wel eens bij haar thuis?'

Stef knikt, maar ondertussen denkt hij: voorlopig niet meer.

'Zijn haar ouders aardig?'

'Heel aardig.'

'Fijn.'

Stef snapt niet waar Joep naartoe wil met al dat gevraag.

'Wat wil jij met Wietske?'

'Met Wietske niks, maar met haar grote zus Femke. Ken je die?'

'Ja.'

'Kun je een geheim bewaren?' vraagt Joep.

Alweer een geheim, denkt Stef. Waarom moet hij ineens allemaal geheimen bewaren? Hij kán dat helemaal niet. Toch antwoordt hij: 'Ja natuurlijk!' Joep heeft hem nooit eerder een geheim verteld. Hij behandelde hem altijd als een kleuter. En nu, zomaar op een zondagmorgen, wil Joep hem iets toevertrouwen.

'Femke en ik hebben al een paar maanden verkering.'

'Hebben jullie gezoend?'

'Ja natuurlijk.'

Stef voelt zich helemaal warm worden. Zijn grote broer vertelt hem dat hij gezoend heeft met een meisje.

'Maar er is een probleem,' zegt Joep.

'Ze heeft een gebit,' zegt Stef.

Joep smijt zijn washandje richting Stef. Die duikt net op tijd onder de dekens.

Als hij weer tevoorschijn komt, ploft Joep op zijn bed en zegt: 'Femke is niet katholiek.'

'Klopt,' antwoordt Stef, 'ze is niks.'

'Pap en mam vinden het vast niet goed dat ik verkering heb met een meisje dat niet katholiek is. En oma valt meteen flauw als ze het hoort. De enige wie het volgens mij niks kan schelen, is opa. Maar de rest van de familie gaat meteen steigeren.'

Stef haalt zijn schouders op. 'Ik speel toch ook met haar zus Wietske?'

'Dat is anders. Jij speelt alleen met haar, maar ik zoen met Femke. Gisteravond zijn we na het dansen in de feestzaal van de koloníé stiekem naar de hei geweest. Dat doen we wel vaker, maar deze keer was het bijzonder, want we hebben ons verloofd. Vanmiddag ga ik met haar ouders praten, want we willen over een tijdje met elkaar trouwen.'

'Ik trouw misschien met Wietske,' flapt Stef eruit. Hij voelt dat hij rood wordt en verwacht een flauwe opmerking van zijn broer.

Maar Joep blijft serieus. 'Dus hebben we alle twee een probleem,' zegt hij ernstig.

Stef weet even niet wat hij moet zeggen. Hij voelt zich wel heel trots. Voor het eerst heeft hij een écht gesprek met zijn grote broer.

Joep staat op en begint zijn tanden te poetsen.

Stef denkt: ik moet nu iets verstandigs zeggen. Hem raad geven of zo. Maar wat?

Als Joep klaar is met poetsen, heeft Stef gelukkig een idee. 'Je hoeft het niet meteen te vertellen aan pap en mam. Misschien houdt die verloving weer op.'

Joep schudt van nee. 'Ik ben gek op die meid. Ze is lief en

mooi. We weten zeker dat we met elkaar willen trouwen.'
Hij trekt het laatje van zijn nachtkastje open en haalt er een
smalle ring uit. 'Kijk, mijn verlovingsring. Femke draagt er
ook een. Maar ik doe hem nog niet om, want pap en mam
weten nog van niks.'
'Je mag niet trouwen met een heiden,' zegt Stef stellig.
'En jij dan? Wat zie je trouwens in die meid?'
'Ze heeft mooie ogen.'
Joep zucht: 'Net als Femke. Dat zit in de familie.'
'Kan ze niet katholiek worden?' vraagt Stef.
Joep schiet in de lach. 'Haar vader ziet haar aankomen. Dat
is een echte papenvreter.'
'Een wat?'
'Een katholiekenhater. Zo noem je dat. Meestal laat hij het
niet zo merken, want op de mijn moet hij de hele dag
samenwerken met katholieken. Maar als Femke het zou
worden, dan zou hij dat vreselijk vinden.'
'En jij dan? Vreet hij jou niet op?'
Joep lacht. 'Nee hoor, hij mag me graag. Als ik maar niet
probeer om Femke te bekeren. Liefde overwint alles, zegt
hij altijd.'
Stef denkt weer even na. Hij moet iets anders verzinnen
voor Joep.
'Weet je wat?' zegt hij. 'Je neemt Femke af en toe mee naar
huis, samen met een paar andere vrienden en vriendin-
nen. Dat doe je wel vaker. Zo merken pap en mam vanzelf
dat Femke een aardige heiden is en na een tijdje vertel je
gewoon dat jullie verloofd zijn.'
'Jij bent een fijne broer,' zegt Joep.
Stef gloeit helemaal. Hij heeft zijn grote broer zomaar raad
gegeven.
Joep loopt naar hem toe en aait hem even door zijn haren.
'Broertje, we moeten maar eens vaker met elkaar kletsen.'

63

Tevreden stapt Stef uit zijn bed, begint zich te wassen en zijn tanden te poetsen. Daarna trekt hij zijn nette kleren aan. Eerst schoon ondergoed, want dat hoort ook bij de zondag, en daarna een lange broek en een witte bloes.

Joep is intussen voor de spiegel boven de wastafel druk in de weer met zijn haar. Hij smeert het in met een wit vetachtig spul dat uit een potje komt. 'Brylcreem' staat erop. Joep kamt en borstelt net zo lang tot hij een fraaie kuif heeft. Als hij klaar is, zegt hij: 'Stef, als je wat wilt, ga je gang.'

Nu weet Stef het zeker: zijn broer vindt hem geen kleuter meer. Hij mocht nooit een vinger uitsteken naar de Brylcreem. Een keer heeft hij een likje genomen en toen vermoordde Joep hem bijna.

Beneden in de gang horen ze hun zussen giebelen.

'Opschieten Stef,' zegt Joep. 'De meiden zijn al klaar.'

Hij vertrekt naar beneden.

Stef opent voorzichtig het potje Brylcreem en zegt zacht: 'Dit is een belangrijk moment in mijn leven. Ik ben eindelijk groot.'

Hij smeert zijn haren in en kijkt in de spiegel. Zijn zwarte krullen glanzen hem tegemoet.

Trots loopt hij de trap af. Hij is benieuwd of ze zullen zien dat hij voor het eerst Brylcreem in zijn haar heeft.

In het smalle gangetje staat iedereen al te wachten.

Zijn vader en Joep in hun nette pak en zijn moeder in een keurige blauwe jas. Zijn grote zussen Doortje en Martha dragen een wijd uitstaande rok met een petticoat eronder. Net twee wandelende lampenkappen, denkt Stef.

Martha, zijn oudste zus, heeft zich nog extra opgetut. Ze heeft een hoog kapsel en lippenstift op.

'Is dat nou nodig?' vraagt Stefs vader.

Met een onschuldig gezicht antwoordt Martha: 'Wat bedoel je, pap?'

'Die kleren en die haren en die lippenstift.'

Stef vindt het ook raar. Vooral dat kapsel. Het lijkt alsof ze een suikerspin van de kermis op haar hoofd heeft.

'Kom nou maar,' zegt zijn moeder. 'We zijn al te laat. De mis begint zo.'

'Ik vind het geen gezicht,' moppert zijn vader.

'Hè papa,' roept Martha, 'doe niet zo ouderwets.'

'Laten we nou opschieten,' dringt Stefs moeder aan.

De hele familie stapt het pleintje op. De voorjaarszon schijnt en het valt Stef ineens op dat er over de tamme kastanje een groen waas hangt.

Stefs vader loopt met een verbeten gezicht tussen zijn vrouw en kinderen. Stef snapt het wel. Op zondagmorgen wil pap altijd graag pronken met zijn gezin. Trots als een haan door de koloníe paraderen met vrouw en kinderen, net als de andere families. Maar vandaag schaamt hij zich natuurlijk voor zijn dochters. Gelukkig komen er nog twee andere lampenkappen en suikerspinnen uit de zij-straten.

Stef ziet dat het gezicht van zijn vader zich ontspant. Hij hoort hem nog wel minachtend brommen: 'Dat is dan de jeugd van tegenwoordig.' Hij is het voor deze keer met zijn vader eens. Door zijn stomme zussen heeft niemand gezien dat hij Brylcreem in zijn haren heeft gedaan.

Van alle kanten komen mensen aanlopen. Opa en oma zijn er ook bij, want bijna de hele koloníe gaat naar de mis. Eigenlijk heeft Stef helemaal geen zin in de kerk. Net zomin als zijn vriend Victor. Ze hebben een keer in het Geheime Mijnboek geschreven waarom ze het vervelend vinden:

'1. Het stinkt in de kerk.

2. De banken zijn hard.

3. Het duurt veel te lang

4. Je mag voor de mis niks eten.

5. Ze zingen soms vals (volgens Victor en die zit op muziek).
6. We snappen er vaak niks van.
7. En het allerergste: de pastoor houdt altijd een heel lange toespraak (preek) en zeurt vaak over zonden begaan.'

Nadat ze dit in hun schrift hadden gezet, bedacht Victor dat het bijna zeker een zonde was om dit allemaal op te schrijven. 'Als ze dat in de hemel lezen,' zei hij toen, 'krijgt mijn vader daar last mee.'
Dus schreven ze er nog onder:
'Wij vinden de pastoor meestal aardig. Hij kan op school mooi vertellen. En we geloven in God en in de hemel en in al die andere dingen. En het valt best mee in de kerk. Het is (soms) net een heel mooi toneelstuk met al die verklede mannen en die muziek. En als alle kaarsen branden en er zijn veel mensen, dan is het (soms) wel gezellig. Vooral als de zon naar binnen schijnt door het gekleurde glas van de ramen.'

Uit een van de zijstraten komt Victor met zijn moeder en zijn kleine zus. Stef roept: 'Hé Victor!' Zijn vriend komt meteen naar hem toe hollen.
In de kerk kruipen ze bij elkaar in een bank. Stefs vader en Joep komen naast hen zitten.
Het kerkgebouw is een lange brede zaal met hoge ramen en een schuin houten dak. Vandaag schijnt de zon vrolijk naar binnen en maakt kleurige patronen op de muren en het altaar dat vooraan in de kerk op een verhoging staat.
De rest van de ruimte wordt bijna helemaal in beslag genomen door twee rijen met banken.
De vrouwen zitten in de ene rij en de mannen in de andere. Daartussenin is een breed pad.

Op school heeft de pastoor een keer uitgelegd waarom mannen en vrouwen apart moeten zitten. 'Je komt in de kerk om te bidden,' zei hij toen. 'Als mannen en vrouwen door elkaar zouden zitten, zou dat te veel afleiden.' Maar Stef heeft allang gemerkt dat het weinig helpt.

Net als vandaag. Zijn oudste zus Martha zit regelmatig om zich heen te kijken en te flirten met de jongens in de banken aan de overkant. Er zijn heel wat jongens in de koloníé die verliefd op haar zijn. Stef begrijpt niet waarom, want hij vindt Martha maar een verwaand nest met haar suikerspin.

Victor stoot Stef aan. 'Daar zit Colla Hameleers.'

Hij zit een paar banken voor hen naast zijn vader. Ze kunnen hem net zien zitten tussen de brede ruggen door.

Er klinkt gerinkel van belletjes en iedereen gaat staan. Voor in de kerk stapt de pastoor het hoge altaar op samen met zijn hulpjes, de misdienaars. Stef vindt dat hij helemaal niet lijkt op de pastoors uit de *Katholieke Illustratie*. Die hebben meestal een dikke buik en een hoofd als een ballon. Of zoals opa zegt: 'Die dikzakken zorgen er wel voor dat ze niks tekort komen.' Maar de pastoor van de koloníé is een lange magere man met een bleek gezicht, waardoor zijn helblauwe ogen extra opvallen. Daarmee kijkt hij nu als een roofvogel de kerk rond, alsof hij wil controleren of iedereen er is. Dan knielt hij neer en begint luid te bidden in een onbegrijpelijke taal.

'Ik ben wezen biechten,' fluistert Victor.

'Was hij kwaad?' vraagt Stef.

'Nee, helemaal niet. Ik zei dat ik een zonde had begaan omdat ik had gevraagd of een scheet zonde was. Toen begon hij te grinniken. Ik hoefde maar één weesgegroetje te bidden en daarna was het goed.'

Er wordt weer met de belletjes gerinkeld en iedereen gaat

67

zitten. De pastoor begint iets te mompelen en de hele kerk mompelt mee.

Behalve Stef en Victor.

'Zullen we vanmiddag naar de hei gaan?' fluistert Victor.

Stefs vader buigt zich naar de jongens toe. 'Hou eens op met dat geklets!'

Braaf pakken de jongens hun kerkboek, waarin allerlei gebeden staan, en houden hun mond.

Halverwege de mis houdt de pastoor een preek. Hij heeft het over verliefdheid en verkering. Zijn stem klinkt bijna teder als hij spreekt over 'het mooie van de liefde', maar wordt ineens streng als het over 'de gevaren van de liefde' gaat. De pastoor steekt nu ook bezwerend zijn hand omhoog en roept met donderende stem: 'Maar laten jonge mannen en vrouwen die verkering met elkaar hebben hun liefde zuiver en rein houden. En nooit, nee nóóit, vergeten dat zij pas geheel in elkaar mogen opgaan als ze getrouwd zijn. Pas dán mogen zij vleselijke gemeenschap met elkaar hebben. Niet eerder, want dat is een grote zonde!'

Stef snapt maar de helft van wat de pastoor zegt. Maar hij weet bijna zeker dat de pastoor het over iets heeft wat je als kind niet mag weten. Zachtjes vraagt hij aan Victor: 'Wat is dat: 'vreselijke gemeenschap?'

'Ik denk dat het neuken is.' Zijn vriend kijkt hem met een grijns aan. 'Geen vreselijke, maar vleselijke – van het vlees,' fluistert hij.

Stef schiet in de lach. Zijn vader geeft hem een por in zijn zij.

Stef duikt weer in zijn kerkboek en herhaalt zacht tegen zichzelf: 'Neuken.' Op school doen de jongens er altijd heel stoer over, maar eigenlijk weet niemand precies wat het is en wat je ervoor moet doen. Over dat soort dingen wordt bij hem thuis nooit gepraat. Stef heeft het een keer aan zijn vader gevraagd. Het was niet op zo'n handig moment. Ze zaten met de hele familie aan tafel. 'Pap, wat is neuken?' vroeg Stef.

Joep en zijn zussen schoten in de lach, maar zijn vader gaf hem een draai om zijn oren. 'Daar ben jij nog te klein voor, jongen. Je bent niet eens droog achter je oren.' En zijn moeder mopperde: 'Stef, zulke woorden wil ik hier in huis niet horen.'

Dat was een hele ontdekking voor Stef geweest. Voor het eerst kwam hij erachter dat er dingen zijn waar je niet met je ouders over kunt praten.

Stef staart al een hele tijd in zijn kerkboek, maar hij denkt intussen aan heel andere dingen. Zou 'vleselijke gemeenschap' misschien een soort deftig neuken zijn? Hij gluurt naar zijn zussen Doortje en Martha. Zouden zij al weten wat het is? En Joep? Zou die al vleselijke gemeenschap hebben met zijn verloofde op de hei?

De mis duurt lang. Ineens ziet Stef dat Victor heel stilletjes een blaadje uit zijn kerkboek scheurt. Hij maakt er een propje van en stopt het in zijn mond.

Wat is Victor van plan?

De belletjes voor in de kerk beginnen te rinkelen. Iedereen gaat op zijn knieën zitten met zijn ogen dicht. Stef wil dat ook doen, maar dan ziet hij dat Victor voorzichtig zijn katapult uit de binnenzak van zijn zondagse jasje haalt. Hij pakt het natte propje uit zijn mond, legt het tegen het elastiek, spant aan en schiet in de richting van Colla. Het propje komt precies tegen zijn achterhoofd. Met een ruk draait Colla zich om, maar Stef en Victor zitten braaf met hun ogen dicht te bidden.

Na een minuutje gluurt Stef voorzichtig naar Colla. Die wrijft over zijn hoofd en doet zijn beklag bij zijn vader.

Stef stoot Victor aan en fluistert: 'Mooi schot, Vic!'

Daarna moet iedereen naar voren komen om ter communie te gaan. In een lange rij wandelen de mensen langs de pastoor die op elke tong een rond stukje brood, een hostie, legt. Telkens mompelt hij: 'Het lichaam van Christus.'

Als Stef terugloopt naar zijn plaats, plakt de hostie tegen zijn verhemelte. Hoe hij ook zijn best doet, hij kan nog steeds niet geloven dat zo'n plakding een heel lichaam is. Zijn maag begint te knorren, omdat hij vanmorgen nog niks heeft gegeten. Hij zou nu wel tien hosties lusten.

Daarna volgen er wat korte gebeden voor zieken, armen en de paus en dan is de mis afgelopen.

Opgewekt stapt iedereen naar buiten. Alsof de kerkgangers blij zijn dat het voorbij is.

De familie Bronckers gaat met opa en oma mee om daar uitgebreid te ontbijten met broodjes, koffie en vlaai. Daarna trekt Stef zich terug in opa's grote stoel bij de kachel en verdiept zich in de *Katholieke Illustratie*. De rest van de familie blijft aan de grote tafel zitten en wisselt met elkaar nieuwtjes uit over de koloníé.

Na het bezoek aan opa en oma kondigt Joep aan dat hij die middag met een paar vrienden heeft afgesproken. Hij knipoogt even naar Stef.

'Ik heb ook met vrienden afgesproken,' zegt Stef.

'Waar?' vraagt zijn moeder.

Bijna wilde hij antwoorden: 'Op de hei', maar dat vindt mam natuurlijk nooit goed met zijn zondagse kleren aan.

Dus zegt hij: 'Op het plein. Ik ga met Victor naar de mijnharmonie luisteren. Die komen vanmiddag spelen, zei Victor.'

'Maar je maakt je niet vies, hè?' zegt zijn moeder.

'Nee mam, dat beloof ik en mag ik nu alstublieft mijn zondagsgeld? Straks is het winkeltje open.' In de koloníé is een kleine kruidenierszaak. Op zondagmiddag gaat die altijd een uurtje open, zodat de kinderen toverballen, spekken, muizen, zoute schuine droppen of kauwgom kunnen kopen van hun zondagsgeld.

Stefs vader haalt zijn portemonnee tevoorschijn en graait er een kwartje uit. 'Hier en niet alles meteen opmaken, want je moet er de hele week mee doen.'

'Bedankt pap!' En Stef rent de tuin in.

Over de lage heg ziet hij dat buurman Dries druk in de weer is met zijn duiven. Hij rammelt met een bakje duivenvoer. 'Roek, roek, roek!' roept hij en hij staart naar de lucht.

'Wacht je op Harrie met de zwarte vlek?' vraagt Stef.

Dries knikt. 'Die is vanmorgen in alle vroegte gelost in Noord-Frankrijk. Samen met een paar doffers. Als het goed is, kan hij elk moment binnenvliegen.'

'Weer een televisie?' vraagt Stef.

Dries lacht. 'Nee, deze keer niet, jonkie.'

Stef loopt de tuin uit en gaat langs het achterpaadje, het getske, naar de voorkant van het huis. Op het pleintje zit Victor al op hem te wachten.

In de muziektent zijn de mannen van de mijnharmonie bezig hun instrumenten uit te pakken. Van alle kanten komen mensen aanlopen met oude keukenstoelen of lage bankjes en zoeken daarmee een plaatsje rondom de kiosk.

'Zullen we blijven luisteren?' stelt Victor voor.

Stef heeft er geen zin in. Meestal vindt hij het fijn om de harmonie te horen, vooral als ze de Heldenmars spelen. Een treurige mars ter herinnering aan alle mijnwerkers die zijn omgekomen. Dan moet hij altijd aan Victors vader denken. En aan Mario, de eikenhouten vriend van opa. Maar hij heeft vandaag al zoveel mensen gezien dat hij nu graag alleen wil zijn met zijn beste vriend. 'Laten we naar de hei gaan,' stelt hij voor.

'Wil je niet wachten tot het winkeltje opengaat?' vraagt Victor.

'Dat is pas over een uur. We kopen morgen wel wat.'

Samen lopen ze een van de zijstraten in. Aan het eind daarvan houdt de koloníé op en begint de hei.

Vroeger was de hei veel groter. Maar opa heeft een keer verteld dat de mijn er langzaam maar zeker stukken van-af heeft geknabbeld. Om er de koloníé te bouwen, nieuwe mijnschachten uit te graven en spoorlijnen aan te leggen.

Maar aan de westkant van het dorp is alles gebleven zoals het vroeger was. De voorjaarszon verwarmt de lage struiken en de heideplanten, waarvan de meeste nog in bloei moeten komen. Hier en daar staan wat bomen, alsof ze verdwaald zijn op de hei.

'Zullen we naar de bunker gaan?' stelt Stef voor.

'Goed idee,' zegt Victor. 'Daar is het lekker koel.'

Midden op de hei ligt een kleine lage bunker. Die is in de Tweede Wereldoorlog door de Duitsers gebouwd. De bunker was eerst dichtgetimmerd, maar al snel had de jeugd van Oranjedorp het bouwwerk ontdekt. En niemand nam de moeite om de bunker opnieuw af te sluiten.

De kinderen sjokken voort over het zandpad, terwijl ze het steeds warmer krijgen. In de verte horen ze de vrolijke klanken van de harmonie.

'Ze spelen *"Glück auf"*,' zegt Victor. 'Dat kan ik blazen op mijn klarinet.'

Hoe verder ze op de hei komen, hoe zachter het geluid wordt.

Als ze in de buurt van de bunker zijn, horen ze iets anders. Het lijkt alsof er iemand heel hard lacht.

'Sluipen,' commandeert Stef.

Op ellebogen en knieën tijgeren ze door het zand en de

veldjes met lage struikheide. Als ze vlak bij de bunker zijn, fluistert Victor: 'Halt!'

Voor de ingang van de bunker zitten een meisje en een jongen te zoenen.

'Het is die stomme zus van mij,' zegt Stef zacht, 'onze Martha. Ik zie het aan haar zondagse jas en die toeter op haar kop.'

Victor gniffelt. 'Ze zoent met Frans Diederen.'

'Ze zoent met iedereen,' bromt Stef. 'En nou kunnen we niet in de bunker.'

'Natuurlijk wel,' zegt Victor. Hij haalt zijn katapult tevoorschijn, raapt een steentje van de grond, legt aan en schiet tegen de billen van Frans Diederen.

Die houdt meteen op met zoenen, springt overeind en brult: 'Au!'

Martha kijkt hem verschrikt aan.

Dan ontdekt Frans de twee jongens.

Ze proberen weg te duiken, maar het is al te laat. 'Stelletje tuig!' roept Frans woedend en hij banjert met grote stappen op hen af. De jongens willen ervandoor gaan, maar dat is niet nodig. Martha komt als een dolle achter haar vriendje aan gerend. Ze pakt hem bij de hand en sleurt hem mee de andere kant op. 'Niet doen,' roept ze. 'Dat is mijn broertje.' Ze trekt Frans met zich mee en terwijl ze samen weghollen, roept ze nog: 'Stef, je houdt je mond tegen pap en mam. Anders zeg ik dat je op de hei was. Mét je zondagse kleren aan.'

Overhaast verdwijnen Martha en Frans in de richting van de koloníé.

'Zo, die zijn weg,' zegt Victor tevreden. 'De bunker is van ons.'

Voorzichtig kruipen de jongens naar binnen, want de bunker is vrij laag en ze willen hun kleren niet vies maken. Ze zitten net als ze iemand horen aankomen. Stef kijkt door de smalle spleet in de achterkant van de bunker naar buiten.

'Wietske,' zegt hij geschrokken. 'Die komt ons beuken.'

Victor pakt snel een grote steen en spant zijn katapult.

Voor de ingang verschijnt het hoofd van Wietske. 'Ik ben jullie stiekem gevolgd,' zegt ze met zware stem. 'En ik kom jullie beuken.'

'Dat dachten we al,' zegt Victor, 'maar ik heb je onder schot.'

'En je zou ons niet meer beuken,' zegt Stef met een benauwde stem, 'want je bent lid van de Jonge Koelpieten. Aspirant-lid, bedoel ik.'

'Jullie hebben alles verraden aan Colla.'

'Niet waar!' zegt Victor en hij spant zijn katapult nog strakker.

'Echt niet,' zegt Stef en hij vertelt hoe het gegaan is. Ongeveer, want hij zegt er niet bij dat hij zijn mond weer eens voorbij heeft gepraat.

'We hebben Colla streng gestraft,' zegt Victor plechtig. 'Ik heb in de kerk een propje keihard tegen zijn dikke kop geschoten.'

'Echt waar?' vraagt Wietske.

De jongens knikken heftig van ja.

'Het is trouwens stom dat iedereen zo raar doet over afbetaling,' zegt Victor. 'Mijn moeder zei laatst dat de halve koloníé dingen op afbetaling koopt, maar dat niemand het hardop durft te zeggen. Allemaal gehuichel.'

Wietske kijkt de jongens doordringend aan.

Victor houdt nog steeds zijn katapult op haar gericht en Stef denkt: die ogen.

'Ik geloof jullie,' zegt Wietske en ze kruipt de bunker in.

Victor ontspant zijn katapult.

'Dat was een mooi schot,' zegt Wietske, 'tegen de kont van Frans. Dat wil ik ook leren.'

'Goed,' zegt Victor. 'Ik zal het een keer voordoen.'

Ze kruipen naar buiten. Victor pakt een steentje en legt aan. 'Zie je die dikke tak, daar aan die berkenboom? Die ga ik raken. Ik span eerst aan en dan kijk ik vlak over het elastiek naar het doel waarop ik schiet.'

Victor trekt het elastiek naar achteren, knijpt zijn ogen tot spleetjes, en *pang!*

Op hetzelfde moment vliegt er een duif vlak voor de tak langs. Het steentje raakt de duif en de vogel valt met een droge plof neer in het zand.

Victor juicht. 'Die was écht raak!'

De kinderen hollen naar de duif. Hij is morsdood. Op zijn kop zit een zwart vlekje.

Stef wordt bleek en mompelt: 'Verdomme!'

'Je mag niet vloeken,' zegt Wietske, 'van die pastoor van jullie.'

'Vandaag wel,' antwoordt Stef wanhopig. 'Het is Harrie, de prijsduif van Dries Pelt.'

Heldenmars

Victor, Stef en Wietske zitten op de hei.

Tussen hen in ligt een dode duif.

'Ik heb het gedaan,' zegt Victor. 'Ik ga naar Dries Pelt en vertel het hem.'

'Goed,' zegt Wietske.

Stef wordt boos. 'Dat wil ik niet. We gaan allemaal naar Dries, want we waren er alle drie bij.'

'Hoezo?' vraagt Wietske. 'Victor heeft geschoten. Wij niet.'

'Dat vind ik laf van je, Wietske. Als je koelpiet bent, help je elkaar altijd.'

'Maar we zitten hier niet in de mijn.'

Stef balt verontwaardigd zijn vuisten. 'Je bent een stomme griet!'

'Moet ik je beuken, Stef Bronckers?'

'Je beukt maar, Wietske Heemskerk. Dat kan me niks

schelen. Victor wilde jou leren schieten, dus jij hebt net zo goed schuld.'

'Mooi niet. Ík heb dat beest niet kapotgeschoten.'

Stef springt woedend op en schreeuwt: 'Je bent geen aspirant-lid meer, Heemskerk! Je laat Victor gewoon barsten als het erop aankomt. Zoiets doen koelpieten nooit.'

Wietske staat al voor hem, kijkt hem strak aan en tilt haar vuist op. Ineens ziet ze tranen in de ogen van Stef. 'Jullie zijn écht vrienden, hè?' zegt ze verbaasd.

'Ja!' antwoordt Stef met verstikte stem en hij veegt gauw de tranen weg.

Wietske draait zich om en rent de hei op. De twee jongens kijken elkaar zwijgend aan.

Een eind verderop blijft Wietske staan.

Het blijft heel lang stil.

Het is een beetje gaan waaien. Door de wind die van de kant van Oranjedorp komt, horen ze de harmonie. Ze spelen de treurige Heldenmars.

Wietske komt langzaam teruggelopen. Als ze weer bij de jongens is, mompelt ze: 'Ik wil wél bij de Jonge Koelpieten. We hebben sámen die duif kapotgeschoten'

'Goed,' zegt Victor kalm, 'dat is geregeld.'

En Stef denkt weer: kameel!

'Kom,' zegt Wietske, 'we gaan naar Dries Pelt.'

'Even wachten,' zegt Stef. 'We zouden die duif ook hier kunnen begraven en onze mond dichthouden.'

Victor en Wietske staren hem met grote ogen aan.

'Niemand weet hiervan. We houden het geheim en schrijven het zelfs niet in ons mijnboek.'

'Dat is een héél grote zonde,' zegt Victor.

'Misschien, maar er komen wel vaker duiven van Dries niet terug. En wie zegt dat dit Harrie de televisieduif is? Er zijn meer duiven met een vlekje op hun kop.'

Wietske is het helemaal met Stef eens, maar Victor aarzelt. 'Ik weet niet...' zegt hij zacht. 'En als het nou wél Harrie is?'

Maar Stef laat zich niet van de wijs brengen. 'Als Dries hoort dat wij het gedaan hebben, vermoordt hij ons.'

'Echt?' vraagt Wietske benauwd.

'Bijna, maar hij gaat natuurlijk naar onze ouders. Dat wordt straf. Ik ga over de knie bij mijn vader. Dat weet ik zeker.'

Wietske knikt. 'Mijn vader slaat niet, maar ik mag voorlopig niet meer buiten spelen en ik krijg een half jaar geen zondagsgeld.'

'En mijn moeder gaat klagen,' zucht Victor somber. 'Dagenlang! Waarom ik haar dit allemaal aandoe en zo. En dat ze er helemaal alleen voor staat. En dat ik de man in huis ben en me ook zo moet gedragen. En dat ik het goede voorbeeld moet geven aan mijn kleine zusje.'

'Dus wat doen we?' vraagt Stef.

'Begraven,' antwoorden Wietske en Victor tegelijk.

Achter de bunker maken ze met hun handen een kuil en leggen de duif erin. Van een paar takjes knutselt Victor een kruisje in elkaar. Hij haalt het elastiek van zijn katapult om de stokjes vast te maken.

Als de kuil dicht is en het kruisje erop staat, zegt Stef: 'Dat zij ruste in vrede.'

'Het is een doffer,' zegt Wietske. 'Dat is een hij.'

'Dat Harrie ruste in vrede,' zegt Victor. 'Dat is zeker goed.'

Ze blijven een tijdje zwijgend bij het grafje staan.

Dan wijst Stef naar zijn broek. 'Smerig,' zegt hij treurig.

De andere twee hebben ook vlekken op hun kleren.

'Verderop is een beekje,' zegt Victor. 'Kom, we gaan het eraf halen.'

Ineens horen ze vanuit het dorp het geluid van een sirene.

'De ziekenauto,' zegt Stef.

De kinderen hollen in de richting van de koloníé, want daar moeten ze bij zijn.

Het is nog een flink eind naar het dorp. Aan de rand blijven ze hijgend staan.

'We moeten nog zweren,' puft Victor.

'Zweren?' vraagt Wietske en ze veegt het zweet van haar voorhoofd.

'Ja,' zegt Stef en hij steekt zijn rechterhand vooruit. Victor legt de zijne erbovenop. Wietske doet hetzelfde, al snapt ze er niet veel van.

'Zeg na,' commandeert Stef. 'Wij, leden en aspirant-leden van de Jonge Koelpieten, zweren dat we nooit zullen verraden wat er met Harrie is gebeurd.'

Wietske en Victor herhalen plechtig de woorden van Stef. Daarna lopen ze de koloníé in. Op het plein zien ze de ziekenauto voorbijkomen. Met loeiende sirene draait de wagen de straat in die naar stad leidt.

Colla Hameleers komt naar de drie kinderen toe rennen.

'We pakken hem,' zegt Wietske.

Colla schreeuwt: 'Stef, je opa wordt naar het ziekenhuis gebracht. Hij was bijna gestikt.'

Stef heeft het gevoel alsof Colla hem een dreun verkoopt.

'Opa,' fluistert hij en hij rent naar het huis van zijn grootouders.

De voordeur staat wagenwijd open en Stef stuift naar binnen. In het smalle gangetje komt hij Joep tegen.

'Wat is er met opa?' vraagt Stef vertwijfeld.

'Ik weet het niet. Ik ben er ook net. Ik was bij... je weet wel.'

De deur naar de huiskamer gaat open en hun vader komt met een treurig gezicht naar buiten. 'Die verrotte stoflongen. Oma is ons komen roepen, want opa kreeg weer een hoestaanval, maar deze keer werd het alleen maar erger.

We dachten dat hij erin zou blijven. Hij zag helemaal blauw, alsof zijn keel werd dichtgeknepen. Ik ben naar Hameleers gerend en heb het ziekenhuis gebeld.'

Stef denkt: is die stomme Colla Hameleers nog ergens goed voor. Bijna niemand heeft telefoon in de koloníé, maar omdat Colla's vader opzichter is, heeft die er wel een.

Samen met hun vader gaan Stef en Joep naar binnen, waar oma op de bank zit te huilen en hun moeder haar probeert te troosten.

'Ik moet naar hem toe,' snikt oma. 'Ik moet bij Sjeng zijn.'

Stefs vader moppert: 'Ik wilde samen met moeder meegaan met de ziekenwagen, maar die ziekenbroeders vonden dat niet goed. De rotzakken.'

Oma jammert: 'Sjeng gaat dood. Ik weet het zeker. O God, help hem alsjeblieft.'

'Nu wou ik dat ik een auto had,' verzucht vader.

In de koloníé hebben maar een paar mensen een auto.

'Wietske!' zegt Stef. 'Haar ouders hebben er eentje.'

Joep roept bijna enthousiast: 'Ik ga het vragen. De vader van Femke... eeeh... Wietske wil jullie vast wel naar het ziekenhuis in de stad brengen. Dat weet ik zeker.' Hij knipoogt naar Stef en weg is hij.

'Wietske,' vraagt oma snikkend, 'Femke? Wie zijn dat?'

'Die zijn van de familie Heemskerk,' antwoordt moeder. 'Hun vader is beambte op de mijn.'

'Dat zijn heidenen,' huilt oma. 'Daar wil ik niet bij in de auto.'

Zelfs Stefs vader moet er even om grinniken en zegt: 'Kom op, moeder, nood breekt wet. En katholieke auto's bestaan niet. Als we maar in dat ziekenhuis komen.'

Oma pakt uit de zak van haar schort een rozenkrans en begint te bidden. Ze laat de kralenketting tussen haar vingers door glijden. Bij elk kraaltje zegt ze een gebedje. Af en toe onderbreekt ze zichzelf en zegt hardop: 'O lieve Heer, haal mijn Sjeng niet bij me weg. Hij heeft altijd zo hard gewerkt in de mijn. Geef ons nog wat tijd om samen van het leven te genieten. O lieve Heer, ik kan hem niet missen, alstublieft.'

Stef voelt een grote prop in zijn keel en denkt: ik lijk op opa. Net zo'n opgewonden standje. Daarom is hij mijn beste vriend, samen met Victor. Opa mag niet doodgaan. Hij moet nog zoveel verhalen vertellen.

Buiten toetert een auto.

'Daar is Heemskerk,' zegt Stefs vader.

'De heidenen,' mompelt oma.

'Hè moeder, nou even niet. Kom!'

Triomfantelijk stapt Joep de kamer binnen. 'Frank Heemskerk sprong meteen in zijn auto.'

Oma wordt in haar jas geholpen en samen met Stefs vader stapt ze in.

Moeder kijkt hen na en blijft buiten staan praten met de buren.

Binnen zit Stef te huilen. Joep komt naast hem zitten en slaat een arm om hem heen. 'Kop op, broertje. Die ouwe komt terug. Die krijgen ze niet zomaar klein. Heb je die auto gezien van Frank Heemskerk? Een Opel Kadet. Die koop ik later voor Femke. Heb ik je al verteld dat ik misschien naar de hogere mijnschool mag? Ik ben nog maar hulp-schiethouwer, maar laatst zei hoofdopzichter Huntjens tegen mij: "Zeg Joep, jij bent een goeie! Als je zo doorgaat, moeten we eens praten over de hogere mijnschool."'

Stef hoort maar half wat zijn broer zegt, maar Joep ratelt gewoon door: 'Dat was een goed idee van jou, die auto van Heemskerk. Dat helpt vast als ik over een tijdje aan pap vertel dat ik met Femke wil trouwen.'

Stef staart naar zijn broek die nogal smerig is. Gedachteloos wrijft hij over zijn knie.

'Waar heb jij gezeten?' vraagt Joep.

'Op de hei en daar hebben we per ongeluk...' Bijna had hij weer zijn mond voorbijgepraat. 'Daar hebben we per ongeluk... eh... onze kleren vies gemaakt, Victor, Wietske en ik. Mam is vast heel boos.'

'Welnee broertje,' stelt Joep hem gerust. 'Die denkt alleen maar aan opa. Kom, we gaan naar huis.'

Buiten staat hun moeder nog steeds te kletsen. 'Ik ben er zo,' zegt ze als Joep en Stef langs haar lopen.

'Doe maar rustig aan, hoor mam,' zegt Joep.

Met zijn tweeën lopen ze naar het plein.

Wietske en Victor zitten op het bankje onder de grote kastanje. Als ze Stef en zijn grote broer zien, komen ze meteen naar hen toe.

Stef vertelt over zijn opa.

'Gaat hij nou dood?' vraagt Victor.

'Nee,' antwoordt Stef fel, 'die ouwe krijgen ze niet zomaar klein.'

Joep grinnikt. 'Zo mag ik het horen, broertje. We kunnen opa niet missen.'

Met zijn vieren lopen ze naar het huis van Stef.

Buurman Dries Pelt komt naar buiten en wil weten hoe het met opa is.

'Zijn longen,' antwoordt Joep. 'Hij stikte bijna.'

Dries mompelt: 'Allemaal door die rotmijn.'

Verbaasd kijken de kinderen hem aan en Stef vraagt: 'Meent u dat?'

Dries doet net alsof hij hem niet hoort en begint over zijn duiven. 'Harrie is nog niet terug op de slag, maar hij had allang thuis moeten zijn. Hij is meestal de eerste.'

Stef, Victor en Wietske durven elkaar niet aan te kijken.

'Misschien is hij verdwaald,' zegt Joep.

'Harrie verdwaalt niet. Die heeft een feilloos richtingge-voel. Ik denk soms dat het door die tv-antenne komt.' Dries wijst naar het dak van zijn huis, waar een grote mast op staat met aan het uiteinde een soort omgekeerde hark. 'Sinds ik dat ding heb, doet Harrie wel vaker vreemd. Hij is volgens mij bang voor die antenne. Misschien moet ik die televisie maar opruimen.'

De kinderen schrikken. Dries is de enige in de koloníé met een tv. Op woensdagmiddag zit zijn huiskamer vaak stampvol, want het halve dorp komt dan naar het kinder-uurtje kijken.

Het wordt steeds erger, denkt Stef. Omdat wij Harrie heb-ben vermoord, gaat de televisie ook nog weg.

'Het is natuurlijk idioot,' moppert Dries. 'Heb ik dat ding gewonnen met Harrie en kan ik hem weer wegdoen voor Harrie.'

'Misschien komt hij nog thuis,' zegt Stef zacht en hij voelt dat hij rood wordt.

'Ik denk het niet. Maar dat van jouw opa is veel erger. Laten we eerst maar hopen dat híj weer gezond thuiskomt.'

Stef krijgt weer tranen in zijn ogen, want hij weet nu bijna zeker dat opa doodgaat en in zijn hoofd klinkt de Helden-mars.

'Kom jongens,' zegt Joep, 'dan schenk ik jullie een glas ranja in.'

Zwijgend gaan de kinderen mee naar binnen en schuiven in de huiskamer aan tafel.

Terwijl Joep in het keukentje limonade inschenkt, praten de kinderen zachtjes met elkaar.

'Misschien moeten we het toch aan Dries vertellen,' fluis-tert Stef.

'Mooi niet,' antwoordt Victor grimmig. 'We hebben gezworen dat het ons geheim is.'

'Maar misschien is het de straf van God dat mijn opa bijna stikte.'

'Natuurlijk niet. God maakt geen opa's dood voor een duif.' Wietske is het helemaal met Victor eens. 'Ik geloof niet in God, maar áls ik zou geloven, dan zou ik het een heel stomme God vinden.'

Dat stelt Stef gerust. Hij was even in paniek geraakt doordat hij Dries net tegenkwam, maar dat gevoel is nu gelukkig weer weg. 'Jullie hebben gelijk. Zoiets doet God niet.'

'Dus,' vraagt Victor, 'houden we onze mond?'

Stef en Wietske knikken.

Joep komt binnen met de limonade en zet die voor de kinderen neer.

'Je hebt een leuke zus,' zegt hij tegen Wietske.

'Het is een kattenkop,' antwoordt Wietske.

Joep lacht.

'Joep en Femke willen met elkaar trouwen,' zegt Stef en hij wil meteen zijn tong afbijten.

'Dat weet ik al,' zegt Wietske. 'Maar ik mocht het tegen niemand zeggen.'

'Ik ook niet,' antwoordt Stef.

Joep schudt meewarig zijn hoofd. 'Maar zó weet binnenkort de hele koloníé het. Willen jullie dit alsjeblieft voorlopig geheimhouden? De ouders van Femke vinden het prima, maar mijn ouders weten nog niks.'

'Ja hoor,' antwoordt Victor, 'dat geheim kan er nog wel bij.'

'Waarbij?' vraagt Joep.

De kinderen kijken elkaar aan en Stef roept gauw: 'Dát is geheim!'

'Vooruit,' zegt Joep, 'dadelijk komen Martha en Doortje thuis. Dat wordt natuurlijk flink snotteren als ze over opa

84

horen. Gaan jullie maar buiten spelen en verder mondje
dicht over mij en Femke.'
Even later zitten de drie kinderen in het schuurtje en zingen tien keer het Koelpietenlied. Om zo heel zeker te
weten dat ze al hun geheimen kunnen bewaren.

'Onze wil is van staal'

De school van Stef en Victor staat in een van de zijstraten van de koloníé. Het is een vrij laag gebouw met een schuin pannendak, zodat het niet erg opvalt tussen de lage huizen. De klaslokalen liggen rondom een speelplaats waarop een paar grote beukenbomen staan.

Toen Stef en Victor bij meester Frissen in de zesde klas kwamen, waren ze natuurlijk meteen bij elkaar gekropen. Na een paar dagen zei de meester: 'Jullie kletsen te veel. Ik zet jullie uit elkaar.'

Daarom zit Stef nu achteraan in de klas naast Stan Jaspars, die veel van geschiedenis weet. Dat vindt Stef heel handig. Vooral als meester Frissen jaartallen overhoort, want dan kan hij afkijken.

Victor heeft pech. Hij zit vooraan bij Hannes Duffels die net zo onnozel is als zijn naam klinkt. In het begin probeerde hij Hannes te helpen, maar dat was onbegonnen werk. 'Die jongen snapt helemaal niks,' zei Victor na een paar weken tegen Stef, 'en hij wil de mijn in. Die hakt de stutten eruit in plaats van de kolen.'

Het is maandagochtend en meester Frissen begint zoals altijd met hetzelfde ritueel. Eerst haalt hij een bruine stofjas uit de kast achter in het lokaal en trekt die aan over zijn nette pak. Daarna gaat hij voor in de klas op de kleine verhoging staan, maakt een kruisteken en begint te bidden. Alle jongens doen met hem mee. Na het onzevader en een weesgegroet gaat de meester verder met: 'Goede God, vandaag bidden wij voor de opa van Stef, opdat hij weer gezond thuis mag komen uit het ziekenhuis.'

Stef zit, net als alle andere kinderen, met zijn ogen dicht. Als meester over opa begint, gluurt hij voorzichtig naar de andere jongens. Bijna de hele klas draait zich naar hem om. Meester Frissen merkt het en wordt boos. 'Heren, we zijn aan het bidden. Ogen dicht en recht zitten!'

Braaf doen de jongens wat hun meester zegt. Die gaat door met zijn gebed. 'Wij bidden eveneens voor de doffer van Dries Pelt, die nog steeds niet is teruggekeerd.'

Stef krijgt het ineens heel warm. Meester Frissen is ook duivenmelker en heeft natuurlijk gehoord over Harrie met het zwarte vlekje.

Voor in de klas schiet Victor in de lach.

Meester slaat snel een kruis en snauwt: 'Wat valt er te lachen, Stassen?'

'Niks meester.'

'Je zat te lachen onder het bidden.'

'Dat kwam door wat u zei over Dries Pelt. Ik vond het zo grappig. Eerst de opa van Stef en toen die duif.'

'We bidden hier voor mens én dier, Stassen.'

'Ja meester.'

'Voor straf tien staartdelingen.'

87

'Goed meester.'

'Ik wil je verder niet meer horen.'

'Ja meester.'

'Wat zei ik nou, Stassen?'

'Dat u me niet meer wilde horen.'

'Doe dat dan, Stassen.'

'Ja meester.'

Vermoeid draait meester zich om naar het bord en begint er sommen op te schrijven.

Stef houdt zijn hand voor zijn gezicht, want hij stikt nu van het lachen. Victor kan het niet laten af en toe brutaal te doen tegen de meester. Niemand in de klas durft dat, behalve Victor.

Hun meester is niet de leukste van de school. Vorig jaar zaten ze bij meester Curfs. Die kon tegen een grapje, maar Frissen heeft geen humor. Hij is streng en saai. Zijn lessen zijn altijd gortdroog, behalve als hij over zijn duiven vertelt of over de mijn. Volgens Joep was meester Frissen veel liever mijnwerker geworden, maar omdat hij vroeger kinderverlamming heeft gehad, kon dat niet. Daarom loopt hij ook moeilijk. Zijn rechterbeen is korter dan zijn linker en hij draagt een schoen met een opvallend hoge hak.

Meester Frissen is nogal klein en vrij dik, waardoor die hak extra opvalt. Zijn bijnaam is dan ook 'meester Hinkepoot'. In een razend tempo kalkt Frissen het bord vol sommen. De jongens moeten ze overnemen in hun schrift en de uitkomsten berekenen.

Stef kan zijn aandacht er niet bij houden.

Toen zijn vader gisteravond terugkwam uit het ziekenhuis, vertelde hij dat het iets beter ging met opa. Ze hadden hem aan een zuurstofapparaat gelegd, waardoor hij weer normaal kon ademen. 'Misschien mag je van de week even bij hem op bezoek,' had pap hem beloofd.

Stef staart door het raam naar buiten. In een van de grote bomen op het schoolplein zit een dikke duif. Heel even hoopt hij dat het Harrie is, maar hij weet wel beter. Alleen Jezus is weer levend geworden, nadat hij dood was gegaan. Maar Jezus was heilig en Stef heeft nog nooit van heilige duiven gehoord.

Meester Frissen ziet dat Stef niet met zijn sommen bezig is. Hij knipoogt naar Stef, alsof hij wil zeggen: ik snap dat je nu niet kunt werken.

Dat stelt Stef gerust. Meester Hinkepoot is soms aardiger dan je denkt.

In het speelkwartier komen er een paar jongens bij Stef en Victor staan. Colla Hameleers heeft sterke verhalen over zijn opa die een keer naar het ziekenhuis moest. 'Hij was eigenlijk al dood. Volgens de dokter waren zijn longen helemaal zwart van het mijnstof. Het waren eigenlijk geen longen meer, maar grote brokken kolen. Toen hebben ze een gat gemaakt in zijn hals en er een luchtpijp in gestopt. En nou is hij weer zo fris als een hoentje.' Vol trots kijkt Colla om zich heen. Vooral omdat hij dat zegt van dat hoentje. Die uitdrukking hebben ze pas geleerd.

Victor lacht schamper. 'Jouw opa is toch die oude man met een stok die altijd door het dorp schuifelt? Om de vijf meter moet hij rusten omdat hij geen lucht meer heeft. Zo fris als een ouwe beer!'

De andere jongens schateren het uit.

Colla kijkt Victor woedend aan en zegt vals: 'En jouw vader is hélemaal niet meer fris.'

Het wordt ineens heel stil in het groepje jongens. Victor kijkt Colla minachtend aan, zegt luid en duidelijk: 'Vuile schoft', en loopt met grote passen weg.

Stef holt achter hem aan. 'Wat een rotopmerking van Colla!'

Victor haalt zijn schouders op. 'Mijn eigen schuld. Ik had

dat niet moeten zeggen van die ouwe beer. Maar Colla stond zo op te scheppen. Alle ouwe mijnwerkers hebben last van hun longen. Dat weet hij net zo goed als ik.'

De bel gaat en ze moeten naar binnen. De jongens mogen meteen doorlopen naar het filmzaaltje, want de meester gaat een film draaien over de mijnen.

Als iedereen zit, zegt de meester: 'Jongens, over een paar maanden zijn jullie klaar met de zesde klas. De meesten van jullie zijn dan nog te jong voor de mijn. Daarom kun je hier op school eerst nog naar de zevende en de achtste klas en daarna ga je naar de Ondergrondse Vakschool, de OVS. En wie slim is, doet dat.'

Victor stoot Stef aan en fluistert: 'Wij zijn slim.'

Stef knikt instemmend.

'Ik heb het al vaker gezegd,' gaat meester Frissen verder, 'mijnwerker is een bijzonder beroep. Wij voorzien heel Nederland van kolen. Fabrieken, huisgezinnen, scholen en kantoren, overal branden kachels en draaien machines dankzij ons Limburgers! Als wij, mijnwerkers, er niet waren, zou het slecht gaan met ons land.'

Stef fluistert: 'Hij doet net alsof hij zelf iedere dag onder de grond zit.'

'Met zijn poot,' antwoordt Victor zacht.

Meester Frissen gaat door met zijn lofzang op de mijn, maar de jongens luisteren maar half. Dit hebben ze al zo dikwijls gehoord. Na een tijdje steekt Victor zijn vinger op.

'Wat is er, Stassen?'

'Meester, we zouden film kijken.'

Meester Frissen staart hem woedend aan. 'Dit is de tweede keer vandaag dat je zo brutaal bent, jongen. Ga maar op je knieën naast de bank zitten.'

Met zijn onverstoorbare kamelenblik laat Victor zich op zijn knieën zakken.

Colla Hameleers draait zich naar hem om en lacht vals. Victor steekt zijn tong uit. De meester ziet het niet, want hij is ondertussen naar de grote filmprojector achter in het lokaal gelopen. 'Ik laat jullie een film over de OVS zien. Goed opletten, want dit is belangrijk voor jullie toekomst.' Het licht gaat uit, de projector begint te ratelen en op het scherm verschijnen beelden van een mijnschacht. Muziek schalt door het lokaal en een opgewekte filmstem zegt: 'Onze mijnen! De trots van Limburg! Hier wordt door onze mijnwerkers diep in de aarde iets groots verricht! Heel Nederland stookt met kolen uit ónze mijnen!'

Het klinkt zo jubelend dat je bijna zou gaan denken dat de meester zelf in de projector is gekropen.

Victor schuift weer voorzichtig op het bankje naast zijn vriend in de hoop dat de meester het niet in de gaten heeft. De jongens zien op het filmdoek een donkere mijngang. Vanuit het duister komen schommelende lichtjes steeds dichterbij, als vuurvliegjes in de nacht. Het zijn de lampen die de mijnwerkers op hun helm dragen. Langzaam worden de mannen zelf zichtbaar. Pikzwarte maar lachende gezichten, waardoor de witte tanden extra opvallen. Alsof de koempels de hele dag de grootste lol hebben onder de grond.

De commentaarstem zegt bijna vermanend: 'Máár om zo diep onder de grond te mogen komen, moet je eerst naar de OVS, de Ondergrondse Vakschool.'

Dan verandert het beeld van de donkere gang in een klaslokaal en de stem ronkt verder: 'Op dit moment is het hier nog leeg. Maar niet voor lang, want daar komen de toekomstige koempels al aan om alles te leren over het mooie beroep van mijnwerker.'

Over het enorme terrein van de mijn komt een groep jongens aanstappen. Keurig in het gelid met een schop op

hun schouder. Alsof ze in het leger zitten. Ze dragen grijze overalls, een oranje zakdoek om hun nek en ze lopen op
stevige zwarte schoenen met stalen neuzen. Ze zingen:
'Ons lijf is van ijzer, onze wil is van staal.'
De kinderen in het filmzaaltje worden onrustig. Ze rekken
zich zo ver mogelijk uit om alles goed te kunnen zien. Stef
kijkt even naar zijn vriend Victor, maar die heeft alleen oog
voor de jonge mijnwerkers op het filmdoek. Dan gaat het
lied over in de tonen van de mijnharmonie. De jongens in
de film paraderen opgewekt verder op de maat van de muziek.
Victor straalt helemaal en mompelt: 'Ze spelen *"Glück
auf"*.'
De muziek wordt zachter en de stem zegt: 'Hier marche-
ren ze dan, de koempels van de toekomst. En ze willen
maar al te graag de mijn in om het zwarte goud te veroveren, diep in onze moeder aarde. Strijders zijn het, strijders
aan het kolenfront!'
De hele klas begint te klappen.
Ineens voelt Stef de arm van Victor om zijn schouders.
Wat een machtig gevoel is dat om hier te zitten met je beste
vriend en te weten dat je samen gaat strijden aan het kolenfront!
Op de film lopen de jongens het gebouw van de mijnschool
binnen en zoeken rustig hun plaats op in de banken.
Een leraar begint iets uit te leggen over het ontstaan van
steenkool. Hoe miljoenen jaren geleden Limburg nog een
oerwoud was met reuzevarens en oerbomen. Maar het kli-
maat veranderde en de planten stierven af. Daar groeiden
later nieuwe planten en bomen bovenop en alles wat eronder zat werd in elkaar geperst. Dat gebeurde duizenden en
duizenden jaren lang en de plantenresten veranderden
langzaam in steenkool. Soms zie je in een stuk steenkool

nog de afdruk van een plant. Er verschijnt een stuk steen in beeld met een varen erop. Alsof iemand er een grote stempel op gezet heeft. 'Dat noem je een fossiel,' zegt de filmleraar plechtig.

Victor fluistert: 'Alsof wij dat niet weten.'

Dan volgen opnames van de 'leermijn'. Een soort namaak-mijn waar de jongens onder leiding van een 'mijnvader' leren hoe ze kolen moeten hakken en gangen stutten met houten en ijzeren balken.

De kinderen uit de klas van meester Frissen kijken adem-loos toe.

Hun aandacht verslapt even als ze zien dat de jongens van de OVS ook sommen en taallesjes moeten maken. Maar als de OVS'ers voor het eerst écht naar beneden mogen met hun mijnvader, zijn ze er weer helemaal bij. De kin-deren volgen met open mond de eerste stappen van de OVS'ers als echte koempels. Ze hebben het gevoel alsof ze zelf voor het eerst afdalen in de mijn. En de stem jubelt ondertussen: 'Op zoek naar het zwarte goud!'

Het beeld vervaagt, de film stopt en meester Frissen doet het licht weer aan. Met een diepe zucht zijn de kinderen weer terug in het saaie filmzaaltje. Victor duikt vlug op zijn knieën naast de bank.

Colla Hameleers steekt zijn vinger op. 'Meester, Victor Stassen heeft onder de film de hele tijd op de bank geze-ten.'

'Oud wijf,' snauwt Stef net iets te hard.

Meester Frissen beent naar voren en gaat met zijn armen over elkaar voor de klas staan. 'Hameleers,' zegt hij streng, 'ik houd niet van klikspanen. Ga jij maar op je knieën zit-ten. En dat geldt ook voor Stef Bronckers, want er wordt hier niet gescholden.'

'Het wordt druk op de grond,' stelt Victor nuchter vast.

'Stassen, tien staartdelingen!'

'Heb ik al, meester.'

'Maken we er vijftien van!'

'Goed meester.'

Frissen doet net of hij het niet gehoord heeft en vraagt aan de hele klas: 'Wie van jullie denkt dat hij naar de mijn wil?' Alle jongens steken hun vinger op.

Tevreden kijkt de meester naar zijn kinderen. Er kan zelfs een lachje bij hem af. 'Zo mag ik het graag zien. De toekomst van onze mijnen is verzekerd, dankzij jullie!'

Als Stef en Victor tussen de middag naar huis lopen, mopperen ze eerst op Hinkepoot. 'Zal ik je helpen met je staartdelingen?' vraagt Stef.

'Hoeft niet,' antwoordt Victor. 'Ik had er nog tien liggen van de vorige keer, want toen heeft Hinkepoot ze vergeten, en die vijf nieuwe heb ik er zo bij gemaakt.'

Daarna nemen de jongens de film even door. Ze vonden het prachtig, maar ze geloven er niks van dat alle jongens uit hun klas koempel worden.

'Denk je dat Fonske Bindels naar beneden gaat?' vraagt Victor.

Stef grinnikt. 'Natuurlijk niet. Die doet het al in zijn broek als hij een schacht ziet.'

'De schijtlijster,' zegt Victor. 'En Hannes Duffels mag helemaal niet. Daar is hij te dom voor.'

'Maar wij niet,' roept Stef stoer. 'Onze wil is van staal!'

Victor haalt zijn neus op. 'Ik ruik de mijn, het is oostenwind.'

Stef ruikt het ook. Het is een licht prikkelende geur, die vaag aan gas doet denken.

'Zal mijn moeder weer mopperen,' zegt Victor. 'Allemaal stof op haar wasgoed.'

Stef knikt. Als de wind uit het oosten komt, waaien er miljoenen piepkleine stofjes van de mijn naar de koloníé. Wanneer dan de was buitenhangt, is die binnen de kortste keren bedekt met een vieze grauwe sluier.

Op het plein lopen ze Dries Pelt tegen het lijf. Hij draagt zijn pungel onder zijn arm.

'Ga je werken, Dries?' vraagt Stef.

Dries knikt. 'Ik heb middagsjiech.'

'Weet je al iets van Harrie?' vraagt Stef met een uitgestreken gezicht.

Victor krijgt een kleur, maar Dries ziet het niet. Hij schudt treurig zijn hoofd. 'Nee jongens, die ben ik kwijt. Jammer, want het was een fijn beestje.' Hij sjokt verder. De jongens kijken hem na. De grote stoere Dries loopt er maar treurig bij.

'Glück auf!' roept Stef hem na, maar hij hoort het al niet meer.

'Ik heb de halve nacht wakker gelegen,' zegt Victor zacht, 'door die stomme duif.'

Stef denkt: de kameel die niet slapen kan, dan moet het wel heel erg zijn.

'Het komt door gisteren,' gaat Victor verder, 'toen jij zei dat het misschien een straf van God was dat jouw opa bijna stikte. Vannacht werd ik wakker en toen moest ik steeds aan mijn vader denken. Ik heb een zonde begaan. Een grote zonde, want ik heb een prijsduif kapotgeschoten.'

'Wij!' roept Stef fel.

Victor kijkt hem ineens radeloos aan. 'Ik moet biechten, Stef. Dat móét, anders krijgt mijn vader problemen in de hemel. Dat weet ik zeker.'

Stef schrikt. De hele ochtend heeft hij niks aan zijn vriend gemerkt, maar wat hij nu allemaal zegt! Zo heeft hij de kameel nog nooit meegemaakt. Een vader hier op aarde is soms lastig, maar eentje in de hemel is helemaal ingewikkeld. Stef moet iets verzinnen om hem te helpen, want het is zijn schuld dat Victor zo doet. Hij had gistermiddag zijn mond moeten houden en niet zo gauw in paniek moeten raken. Het eerste wat hem te binnen schiet is: 'We gaan na schooltijd sámen biechten.'

'En als de pastoor alles aan Dries vertelt?'

'Dat mag hij niet. Hij heeft een biechtgeheim. Dat heeft hij laatst zelf verteld op school.'

Dat stelt Victor een beetje gerust.

De jongens lopen zwijgend door. Bij het getske naar de tuin van Stef nemen ze afscheid.

'Tot vanmiddag,' groet Victor en hij sjokt net zo triest weg als Dries.

Stef loopt over het achterpaadje naar zijn eigen huis. Eigenlijk voelt hij zich opgelucht, omdat ze het toch aan iemand zullen vertellen.

Bij het tuinhekje blijft hij even staan en kijkt naar zijn moeder. Die is druk bezig met de was. Ze heeft een stevige plank op de tuintafel gelegd en daarop schuurt ze met een grote harde borstel het vuil uit een mijnwerkersbroek. Haar gezicht ziet rood van inspanning.

Zijn vader komt de tuin in met de pungel onder zijn arm, want hij heeft deze week middagsjiech, net als Dries. Ze moeten om twee uur beginnen, maar meestal gaan ze wat eerder om nog wat te kletsen met de andere koempels voor ze in de lift stappen.

Zijn ouders hebben niet in de gaten dat Stef bij het hekje staat. Zijn moeder legt de borstel neer, veegt haar handen af aan haar schort en slaat haar armen om haar man heen. Ze houdt hem stevig vast. Zijn vader drukt een kus op haar voorhoofd. Zijn ouders zeggen geen woord en staan even heel stil dicht bij elkaar.

Stef heeft het vaker meegemaakt. Hij wordt er altijd een beetje ongemakkelijk van als ze zo met elkaar knuffelen. Eigenlijk schaamt hij zich ervoor om zijn ouders zo bezig te zien. Maar hij weet heel goed waarom ze het doen. Het is de angst die nooit wordt uitgesproken. Het heerlijke gevoel dat hij in het filmzaaltje had, is meteen helemaal weg. Weer voelt hij de twijfel. Maar daar mag hij niet aan toegeven. Hij is geen Fonske Bindels of Hannes Duffels.

Toen meester Frissen vroeg wie er de mijn in wilde, was hij de eerste die zijn vinger opstak, samen met Victor. Ze zijn de Jonge Koelpieten, al vanaf de kleuterschool. Victor zal het hem nooit vergeven als hij niet meegaat naar de OVS. En hij wil zijn vriend niet kwijtraken. Nooit!

'Hé!' roept zijn vader. 'Sta jij ons stiekem te begluren?'

Stef lacht krampachtig.

Zijn vader komt naar hem toe en maakt het tuinhekje open. 'Het gaat goed met opa,' zegt hij. 'Die man is van staal. Ik ben vanmorgen bij hem geweest en hij mag aan het eind van de week al naar huis. Ze vinden hem wel lastig in het ziekenhuis. Hij maakt steeds ruzie met de verpleegsters omdat er een Duitser naast hem ligt en dat wil hij niet.'

Stef gniffelt. Opa heeft hem al een paar keer over de oorlog verteld. Hij heeft het toen flink aan de stok gehad met de Duitsers.

Zijn vader woelt even met zijn hand door Stefs krullen. 'Je mag vanmiddag al mee naar het ziekenhuis. Dag Stef.'

'*Glück auf,* pap!'

'Dank je, jongen.'

'Moet Joep nu ook werken?'

'Nee, die heeft deze week nachtsjiech.' Opgewekt fluitend loopt zijn vader het getske in.

'Kom je?' roept zijn moeder. 'We gaan eten.'

Stef zucht. De nachtsjiech is van 's avonds tien tot 's morgens zes uur en dan slapen Joep en zijn vader overdag en mag er geen lawaai worden gemaakt.

Als Stef naar school gaat, valt het nog mee. Maar in vakanties is het best lastig, want zijn moeder waakt altijd met harde hand over de rust in huis. Meestal gaat hij maar bij Victor spelen. Die heeft geen vader meer met nachtsjiech.

Als Stef de keuken binnenstapt, ruikt hij bloemkool. Gatver, denkt hij.

Joep zit al aan tafel en schept zijn bord vol. Stef moet er ook aan geloven, want zijn moeder schuift een lading bloemkool op zijn bord.

'Mam,' protesteert hij zwakjes, 'mag het wat minder?'

'Nee, je moet goed eten. Ik zal er wat extra jus overheen doen.' Kieskauwend begint Stef de groente naar binnen te werken.

'Hoe was het op school?' vraagt Joep.

Stef vertelt van de film.

'Die ken ik,' zegt Joep. 'Die film draait Hinkepoot altijd in de zesde klas.'

'Ik vond het wel mieters.'

Joep lacht. 'Ze laten alleen de leuke dingen zien. Ze vertellen er niet bij dat je als OVS'er ook rotklussen moet doen. Een paar keer per week moet je aan de lopende band staan en stenen tussen de kolen uit halen. "Stenen lezen" noemen ze dat. Mooie woorden voor een kloteklusje.'

'Joep, let op je woorden,' zegt zijn moeder streng.

'Neem me niet kwalijk, mam. Maar de leermijn is echt leuk, Stef. Daar voel je je al een echte koempel.'

Stefs moeder staat op en loopt naar de keuken om nog wat jus bij te maken.

Joep fluistert: 'Geheimpje, broertje. Ik ga vanmiddag nog even naar de hei met Femke. Ze heeft vrij van haar werk vandaag.'

'Wat doet ze eigenlijk?' vraagt Stef.

'Ze werkt op een naaiatelier in de stad. Kleren maken voor deftige mensen.'

Hun moeder komt eerder terug met de jus dan ze verwachten 'Wie werkt in de stad?' vraagt ze.

Joep neemt net een hap van zijn bloemkool en verslikt zich er bijna in, maar Stef antwoordt rustig: 'Femke, de zus van Wietske Heemskerk. We hadden het over ze omdat hun vader zo aardig was om opa naar het ziekenhuis te brengen.'

Moeder kijkt Joep een beetje achterdochtig aan. 'Wat moet je eigenlijk met die Femke? Ik hoorde van de buurvrouw dat je een paar keer met haar bent gezien.'

Joep haalt zo onverschillig mogelijk zijn schouders op. 'Niks mam. De buurvrouw ziet vaker spoken.'

Stef denkt: in de koloníe blijft niks geheim. Iedereen let hier op iedereen, met de buurvrouw voorop. Joep mag wel oppassen. En Victor, Wietske en hij trouwens ook, met hun dode duif.

'Die mensen van Heemskerk zijn aardig,' zegt zijn moeder, 'maar ze geloven niks.'

'Maar ik speel toch ook met Wietske?' zegt Stef.

'Dat is wat anders. Maar Joep is al... hoe zal ik het zeggen? Die is al groot. Net als die Femke. Er kunnen dan heel andere dingen gebeuren tussen jongens en meisjes.'

Stef denkt aan de preek van de pastoor gisteren in de kerk, over 'vleselijke gemeenschap', en vraagt uitdagend: 'Wat doen ze dan, mam?'

'Daar ben jij nog te klein voor, Stef.'

'Dat zegt u altijd.'

'Eet nou maar, praatjes vullen geen gaatjes.'

Zwijgend eten ze verder. Als hun moeder weer naar de keuken loopt om de pudding te halen, buigt Stef zich naar zijn grote broer en fluistert: 'Hebben jullie al vleselijke gemeenschap?'

Joep schiet in de lach. 'Weet je wat dat is?'

'Een beetje, maar ik wil het helemaal weten.'

Joep wijst naar de keuken en fluistert grinnikend: 'Dat is op dit moment een beetje lastig. Ik zal het je van de week uitleggen. Toen ik zo oud was als jij, vond ik het ook vervelend dat iedereen daar zo geheimzinnig over deed.'

Stef zegt: 'Je bent een fijne grote broer.'

'Maar jij ook,' zegt Joep.

Stef moet ervan blozen.

Biechten op
WO. enza.mi
van 5-6 uur

Donkere wolken

Die middag wachten Stef en Victor onder de grote kastanje op Wietske. Ze willen haar vertellen dat ze gaan biechten.
Victor zit er een beetje treurig bij. Zijn hele hoofd zit vol
met Harrie de duif.
Nu moet ik even kameel zijn, denkt Stef en hij zegt: 'Ik ga
vanmiddag naar mijn opa in het ziekenhuis. Zal ik vragen
of je mee mag?'
'Fijn,' antwoordt zijn vriend, maar het klinkt niet erg enthousiast.
De jongens zitten een tijdje zwijgend naast elkaar. Ineens
wijst Victor naar de lucht en zegt somber: 'Allemaal donkere wolken aan de hemel.'
'Valt best mee,' antwoordt Stef en hij hoopt maar dat
Wietske een beetje opschiet, want het wordt nu wel heel
erg met zijn vriend.

'Daar is ze!' roept Stef opgelucht als Wietske het plein op komt lopen.

Als de jongens haar vertellen wat ze plan zijn, zegt ze: 'Ik ga mee naar de pastoor om te biechten.'

'Dat kan niet,' roept Stef. 'Jij bent niet katholiek.'

'Ik ga mee. We hebben gezworen dat het óns geheim is. Als we dat gaan vertellen aan die zwartrok, móét ik daarbij zijn.'

Daar is niets tegen in te brengen, vindt Victor. Hij is allang blij dat hij niet alleen hoeft.

Maar Stef twijfelt. 'Dat is heel raar. Een heiden die gaat biechten.'

'Ik doe mee voor spek en bonen,' antwoordt Wietske.

Dat vindt Stef goed, maar hij waarschuwt Wietske dat ze geen 'zwartrok' moet zeggen, maar 'meneer pastoor'.

Ze lopen met zijn drieën de kerk in. Aan de zijkant staan twee biechtstoelen, de grote kasten waar je in moet gaan zitten om over je zonden te vertellen. Maar de pastoor is nergens te bekennen.

Op een van de biechtstoelen hangt een bordje. 'Biechten op woensdag- en zaterdagmiddag van 5 tot 6 uur.'

'Stom,' zegt Stef, 'ik wist het. Het is heel vervelend, want nou willen we eens keer écht biechten en kan het niet.'

Achter in de kerk horen ze gestommel. Een lange man in een zwarte jurk komt de kerk binnen.

'Daar is hij,' zegt Stef zacht.

De pastoor ziet de drie kinderen bij de biechtstoel staan en loopt met grote passen op hen toe.

'Dag kinderen, zoeken jullie iets?' vraagt hij vriendelijk.

'Meneer pastoor...' begint Victor, maar meer kan hij niet zeggen. Uit zijn mond komt alleen nog maar een piepje.

'We willen biechten,' zegt Stef gauw, 'alledrie tegelijk.'

'Alledrie tegelijk?' vraagt de pastoor verbaasd.

'Ja,' antwoordt Wietske, 'we hebben het sámen gedaan en ik doe mee voor spek en bonen, want ik ben heiden.'

De pastoor schiet in de lach. 'Het is kennelijk nogal dringend. Nou, vooruit dan maar.' Hij haalt een breed lint uit zijn zak en doet dat om zijn hals.

'Wat is dat?' vraagt Wietske.

'Niet vragen,' fluistert Stef.

Maar de pastoor vindt het niet erg. 'Dat is een stola, die doe ik altijd om als ik de biecht moet horen. Een biechtstoel is een bijzondere plek, waar God naar je luistert. Geloof jij in God, meisje?'

Van die vraag schrikt Wietske. Ze kijkt de jongens hulpeloos aan.

Stef denkt: dat wordt niks zo.

Victor balt zijn vuisten.

'Nou?' vraagt de pastoor.

'Vandaag wel,' antwoordt Wietske. 'Nou ja, voor eventjes.'

Hoofdschuddend opent de pastoor de deur van de biechtstoel en verdwijnt naar binnen. De twee jongens halen opgelucht adem.

'En hoe gaat het verder?' vraagt Wietske.

'Wij moeten in het hok ernaast,' legt Stef uit.

De kinderen maken de deur open en gaan naar binnen. Het hokje is eigenlijk veel te klein voor drie kinderen. Stef en Victor knielen neer op een smal bankje. Ze passen er bijna niet op en zitten dicht tegen elkaar aan gedrukt. Vlak voor hun gezicht zit een klein luikje.

Wietske staat achter hen. Ze zit klem tussen de voeten van de jongens en de zijkant van de biechtstoel.

'Is God hier?' fluistert Wietske.

'Ja,' antwoordt Victor.

'Stinkt God altijd naar boenwas?'

Stef schiet in de lach.

Zijn vriend stoot hem aan. 'Stil nou!'

Er klinkt wat gerommel en dan gaat het luikje open. Vaag zien ze in de schemering de pastoor zitten. Hij mompelt eerst een gebedje en vraagt daarna: 'Vertel het maar, kinderen.'

'De duif,' zegt Victor.

'Welke duif?'

'Van Dries Pelt.'

'De televisieduif?'

'Ja,' antwoordt Victor schor, 'die is niet teruggekomen.'

'Dat heb ik gehoord, ja.'

Stef denkt: zelfs als je een scheet laat, weet de hele koloníé het. Onwillekeurig moet hij grinniken.

'Is het zo leuk?' vraagt de pastoor.

'Nee, meneer pastoor,' antwoordt hij gauw. 'We zijn zenuwachtig.'

'Waarover?'

'Eeeh...'

'Nou?' De stem van de pastoor klinkt ineens minder vriendelijk. Hij begint langzamerhand zijn geduld te verliezen.

Wietske kucht even en zegt aarzelend: 'Wij hebben hem doodgeschoten. Per ongeluk.' Dan vertelt ze hoe Stef, Victor en zij aan het spelen waren met een katapult en daarmee op een tak wilden schieten. 'Maar die duif vloog ineens langs en toen hebben we hem geraakt. Echt niet expres, pastoor.'

'Meneer pastoor,' verbetert Victor haar.

'Wie heeft hem geraakt?' vraagt de pastoor.

'Wij!' antwoordt Wietske vastberaden.

'Maar er moet toch iemand dat elastiek hebben aangespannen van die katapult? Ik kon vroeger best aardig overweg met zo'n ding. Jullie maken mij niet wijs dat jullie alledrie tegelijk geschoten hebben.'

'Ik heb het gedaan,' zegt Victor.

'Nee ik,' zegt Stef.

'Nee ik,' zegt Wietske.

Het blijft even stil aan de andere kant van het luikje.

'Zijn we klaar?' vraagt Wietske, want ze begin het erg warm te krijgen in het bedompte hokje.

'Nog niet,' antwoordt de pastoor. 'Ik wil eerst zeker weten of het écht per ongeluk was.'

'Natuurlijk!' roept Stef verontwaardigd. 'Die stomme Harrie kwam zomaar voorbij.'

'Ssssst,' fluistert de pastoor, 'niet zo hard. Ik geloof je wel, maar jullie zullen het een keertje aan Dries moeten vertellen. Ik mag dat niet doen, dat weet je.'

'En onze zonde?' vraagt Victor met een benauwd stemmetje.

'Ik vind het in elk geval heel mooi dat jullie samen de schuld op je nemen. Dat maakt het minder erg. En als jullie het aan Dries hebben verteld, is de zonde helemaal vergeven. God zegene jullie.' En met een klap gaat het luikje dicht.

De kinderen blijven even beduusd zitten, maar dan zegt Wietske: 'Nog even en ik val hier flauw van de hitte.'

Ze stommelen de biechtstoel uit en weten niet hoe snel ze buiten moeten komen.

Victor ziet er nog ellendiger uit dan voor het biechten. 'We moeten tóch naar Dries,' zegt hij zacht.

'Maar niet meteen!' antwoordt Stef vastberaden. 'De pastoor zei dat we het "een keertje" aan Dries moeten vertellen. We kunnen dus nog best een paar dagen wachten, zodat Dries er al een beetje aan gewend is. Dan wordt hij vast minder boos.'

'We wachten een week,' stelt Wietske voor.

Dat vindt Stef erg lang, maar als hij ziet dat Victor weer wat vrolijker kijkt, is hij het er toch mee eens.

Buiten is de zon gaan schijnen. Stef wijst naar de hemel en roept: 'Kijk Vic, alle donkere wolken zijn weg.' Zijn vriend fleurt een beetje op.

'Kom,' zegt Stef, 'we gaan vragen of je mee mag naar mijn opa.'

'En ik?' vraagt Wietske. 'Ik ben ook lid van de Jonge Koelpieten.'

'Aspirant-lid,' zegt Stef streng.

Wietske ontploft. 'Hou nou eens op met dat stomme aspirant-gedoe! Ik heb bij Dries Pelt gespioneerd en ik ben net in dat muffe hok geweest en ik bewaar alle geheimen. Ik wil gewóón lid worden, afgelopen uit!'

'Ze heeft gelijk,' zegt Victor.

'Binnenkort,' zegt Stef, want hij vindt het nog steeds moeilijk om aan het idee te wennen dat er nog iemand bij hun club komt.

Wietske zucht moedeloos. 'Goed, jij je zin, Stef Bronckers. Maar het duurt wel érg lang en aspirant-leden mogen wel mee naar opa's.'

Laat ze maar meegaan om het te vragen, denkt Stef. Mijn moeder vindt het toch niet goed.

Als ze bij hem thuis binnenstappen, is alleen zijn grote broer er. 'Ben je daar eindelijk?' zegt Joep. 'Ik zit al een tijdje op je te wachten. Over een kwartier gaat de bus naar het ziekenhuis. We gaan samen naar opa. Mam is even naar oma toe.'

'Mogen Victor en Wietske mee?' vraagt Stef.

Joep kijkt bedenkelijk. Victor roept gauw dat hij opa zo'n grappige man vindt en Wietske zegt heel zielig: 'En ik heb geen opa meer. Nog wel een oma, maar die is heel saai. Ze vertelt nooit over vroeger.'

'Vooruit maar,' zegt Joep. 'Ik kan alleen niet beloven dat jullie alledrie tegelijk bij hem naar binnen mogen. Dat is vast te druk voor hem. Maar hij zal het wel leuk vinden.'

Victor en Wietske gaan nog even thuis vragen of ze mee mogen en een kwartier later zitten ze met zijn vieren in de bus.

'Heeft opa echt ruzie liggen maken over een Duitser?' vraagt Stef aan zijn grote broer.

Joep schiet in de lach. 'Voor opa is de oorlog nog steeds niet afgelopen. Hij roept nog altijd: "De enige goede Pruis is een dooie Pruis."'

'Pruis?' vraagt Victor.

'Zo noemt opa een Duitser meestal.'

'Mijn vader heeft een Pruis als vriend,' zegt Wietske, 'en dat is heel aardige Duitser.'

Joep knikt. 'Ik werk samen met een Duitse schiethouwer. Dat is ook een goeie kerel die al bijna twintig jaar bij ons in de mijn werkt. Voor de oorlog is hij naar Nederland gevlucht. Hij wilde niet vechten voor de moffen.'

Dat scheldwoord kennen de kinderen ook. Soms spelen ze oorlogje bij de bunker op de hei. Meestal hebben ze al oorlog voor ze begonnen zijn, want iedereen wil 'bevrijder' spelen en niemand wil 'mof' zijn.

'Waarom heeft jouw opa zo'n hekel aan de Duitsers?' vraagt Wietske.

'Hij heeft in het verzet gezeten,' antwoordt Joep, 'en de Duitsers hebben hem een paar keer flink te grazen genomen. Maar dat kun je hem beter zelf vragen, want hij doet niets liever dan over vroeger vertellen. Dan ga ik intussen even koffiedrinken, want die verhalen ken ik wel.'

Stef kent ze ook, maar dat kan hem niks schelen. Hoe vaker opa over vroeger vertelt, hoe leuker. De verhalen worden steeds spannender.

In het ziekenhuis moeten ze even op de gang wachten bij de zaal waar opa ligt. Joep gaat eerst poolshoogte nemen.

Hij komt terug met een brede grijns op zijn gezicht. 'Opa heeft de oorlog weer gewonnen. Ze hebben die Duitser ergens anders gelegd. Kom maar gauw, hij vindt het heerlijk dat jullie er zijn.'

In de ziekenzaal liggen nog meer oud-mijnwerkers. Naast elk bed staat een groot zuurstofapparaat met een slang eraan. Aan het eind van de slang zit een klein maskertje. Sommige mannen houden het tegen hun gezicht. Bij de meeste bedden zitten al een paar bezoekers die zachtjes praten met de patiënten.

'Kijk eens aan,' roept opa blij, 'mijn kleinzoon, zijn beste vriend en de kleindochter van dikke Wouter. Dat was een fijne kerel, al geloofde hij niks!'

De kinderen lachen.

'Welkom op de afdeling rochel, slijm, ademnood en kapotte longen. En dat allemaal door die klotemijn!'

Hier en daar wordt gelachen in de ziekenzaal. Maar er loopt ook een verpleegster rond. Ze stuift meteen op opa af en zegt bestraffend: 'Meneer Bronckers, let op uw taalgebruik en praat wat zachter. Anders kunnen de kinderen meteen vertrekken.'

'Ja zuster,' antwoordt opa gedwee.

De verpleegster controleert nog even het apparaat dat naast opa's bed staat en zegt: 'Over een half uurtje kom ik terug en maak u niet te druk.' Ze loopt de zaal uit.

Opa buigt zich naar de kinderen toe en fluistert: 'Die is nog erger dan de opzichters in de mijnen. Wat een heks!'

Stef wijst op het maskertje dat op opa's bed ligt. 'Wat is dat, opa?'

'Daar komt frisse lucht uit. Als ik het benauwd heb, zet ik dat ding een half uurtje op en daarna kan ik er weer even tegen. Ik krijg thuis ook zo'n apparaat. Nou, dan zijn jullie voorlopig nog niet van me af.'

Stef wijst naar het bed naast opa dat leeg is. 'Lag daar de Duitser?'

Opa knikt triomfantelijk. 'Weggejaagd! Ach, het was geen vervelende kerel, maar ik had geen zin om de hele dag Moffrikaans te horen. Als je hier zachtjes kapot ligt te gaan, is dat te veel van het goede.'

'Zat u in het verzet?' vraagt Wietske.

'Willen jullie dat graag weten?' vraagt opa en zijn ogen beginnen te twinkelen. 'Kom maar even dicht bij me zitten, dan zal ik het jullie zachtjes vertellen, anders begint die feeks weer te zeuren.'

Stef gaat bij opa op bed zitten en Victor en Wietske schuiven ieder een stoel bij.

Joep zegt: 'Ik ga even koffiedrinken, opa.'

'Goed jongen, en hou meteen dat mens buiten de deur.'

Opa begint op fluistertoon te vertellen, waardoor het allemaal nog spannender wordt.

'Kinderen, de oorlog was een spannende tijd, maar er zijn net zo goed vreselijke dingen gebeurd.' Hij kijkt Wietske doordringend aan. 'Kun je daar wel tegen, meidske?'

'Natuurlijk!' roept Wietske verongelijkt.

'Goed, dan hoef ik me niet in te houden. Toen in 1940 de oorlog uitbrak, had ik net nachtsjiech. Ik ging 's avonds naar beneden en leefde nog in een vrij land. Maar toen ik de volgende morgen bovenkwam, waren we bezet. Ineens reden er Duitse tanks door de koloníé en vrachtwagens met kannonnen erop. En soldaten stampten voorbij. Dat is een heel rare gewaarwording. Het voelde hetzelfde als wanneer ik moest werken en de zon scheen volop. Je ging met de zon in je kop de mijn in, maar als ik na de sjiech weer bovenkwam en er hingen van die smerige donkere wolken, dan had ik meteen de pest in. Zo was het ook met de Pruisen. In twee uur tijd hadden ze heel Zuid-Limburg onder de voet gelopen. We hadden maar drie geweren en een halfgaar kanon, dus terugschieten hielp niet veel. En wij maar denken dat ze ons met rust zouden laten, maar daar had Hitler mooi maling aan.

In het begin merkten we nog niet zoveel. Er liepen wel overal Duitse militairen rond, maar die waren niet eens onaardig. Die jongens waren ook maar gestuurd. Het was net of de buren een tijdje kwamen logeren. Maar na een poosje begon de ellende. De Pruis had meer kolen nodig voor hun wapenfabrieken. Nou, daar hadden de meeste koempels geen zin in. Moest je je een beetje in het zweet gaan werken voor Hitler.

Toen wilde de Pruis dat we op zondag de mijn in gingen. Dat vertikten we. Een koempel werkt niet op zondag. Dat is een rustdag, dat heeft Onze-Lieve-Heer zelf gezegd. Dus de eerste zondag kwam er geen mens. De maandag daarna begonnen ze te slijmen. Je zou dubbel betaald krijgen als je toch ging werken op zondag. En ze paaiden je met extra sigaretten, chocola en jenever. We hadden natuurlijk hele discussies met elkaar onder het poekelen. Een paar koempels begonnen zelfs te twijfelen.

Op dinsdag had ik ochtendsjiech met zes vaste maten. Mijn beste vriend Mario was er ook bij. We zaten halverwege de sjiech even uit te rusten, toen we een besluit namen. We wilden koste wat het kost voorkomen dat er de volgende zondag iemand naar beneden zou gaan.

We hebben daar toen, op zevenhonderd meter diepte, een brief zitten maken. Na de sjiech ben ik ermee naar het mijnkantoor gegaan. Ik kende daar iemand die betrouwbaar was. Die heeft die brief stiekem vermenigvuldigd op zo'n stencilmachine. Dezelfde avond hebben we de brief in de koloníé rondgebracht. We gingen zogenaamd een luchtje scheppen of de hond uitlaten. En als we zeker wisten dat niemand keek, stopten we de brieven bij iedereen in de bus.

De volgende morgen was het mis, want de Sicherheitsdienst stond bij ons zessen op de stoep. *"Mitkommen!"*
We werden apart van elkaar opgesloten en verhoord. Veel hoefden we niet te bekennen. Die Pruisen wisten álles al. Van onze beraadslagingen diep onder de grond, van de stencilmachine en het stiekeme rondbrengen. We werden door die rotzakken bont en blauw geslagen. Daarna ben ik naar huis gekropen, want ze hadden met een riem mijn halve rug kapotgeramd. Ze sloegen gewoon door tot ik lag te creperen op de grond. Om het *"ab zu lernen"*, zeiden ze. En dat was niet alles. We werden met ons zessen gedwongen de volgende zondag te werken.

Maar het allerergste was dat we zeker wisten dat een van ons een verrader was. Want hoe kon de Pruis er anders achter gekomen zijn wat we onder de grond bekokstoofd hadden? Als koempels moet je van elkaar op aankunnen. En toch was er eentje bij die ons verlinkt had.

Algauw begonnen een paar jongens Mario te beschuldigen. Mario was een Italiaan. Je moet weten dat in Italië ook een dictator de baas was die onder één hoedje speelde met Hitler. Daarom verdachten ze die arme Mario. Maar ik wist zeker dat hij het niet kon zijn. Ik vertrouwde mijn vriend door dik en dun. Er zat ook een Duitser in onze ploeg, ene Heinrich, en volgens mij was hij het. Ik dacht: ik moet Mario helpen, want anders heeft hij geen leven meer. Én ik moet die Duitser ontmaskeren. Toen heb ik een list bedacht. Een gevaarlijke list, maar het werkte.

Als ik even alleen was met een van de jongens, begon ik de boel te saboteren. Ik maakte eerst de schutgoot een tijdje onklaar toen een van de koempels mijn kant op keek. De schutgoot is een soort lopende band waar we de kolen op

gooiden. Toen dat ding het weer deed, zag een andere koempel "toevallig" dat ik alleen maar stenen in de goot gooide in plaats van kolen. "Zo," zei ik tegen die koempel, "hebben de moffen minder kolen." En de derde liet ik zien dat ik met een krijtje op een kolenwagon schreef: "Vuile Pruis, ga naar huis.". En toen ik even alleen was met nummer vier, dat was die Heinrich, trok ik een onderdeel uit mijn afbouwhamer. 'Koek maal, Heinrich," zei ik tegen hem, "kapoet."
Nou, het kost veel tijd voordat je een nieuwe hamer hebt gehaald. Wéér minder kolen."
Nummer vijf en zes waren Mario en ik. Dus dat was gemakkelijk.
De volgende dag had ik beet. Ik moest bij de opzichter komen. Daarvan was bekend dat hij met de Duitsers heulde. Hij zei: "Bronckers, iemand heeft gezien dat jij meer stenen dan kolen in de schutgoot gooit." Toen wist ik dat het nummer twee was. En niet Mario en niet die Duitser. Dat vond ik een meevaller. Er werd voor straf ingehouden op mijn loon, maar dat kon me niks schelen. Ik waarschuwde de andere koempels en Mario's eer was gered. Hij heeft er niet veel aan gehad, die arme jongen. Vlak na de oorlog is hij omgekomen bij een gasontploffing. Je moet altijd oppassen voor gas in de mijn. Het zit op plekken waar je het niet verwacht.'
'Wat hebben jullie met de verrader gedaan?' vraagt Stef.
'Niet veel, want die hebben ze meteen overgeplaatst naar een andere ploeg.
Maar eigenlijk was dit een akkefietje van niks, want twee jaar later lieten de moffen hun ware gezicht zien. In heel Nederland werden zomaar mannen opgepakt. Die moesten in Duitsland gaan werken. Mijnwerkers hoefden niet, want die waren hier veel te hard nodig. Maar we lieten het

er niet bij zitten. We wilden niet dat die andere kerels werden afgevoerd naar Moffrika en daarom gingen bijna alle mijnwerkers staken. Toen heeft de Pruis ons keihard aangepakt. Ze wisten dat ik een van de aanstichters was van de staking. Ik werd van mijn bed gelicht en samen met een paar kameraden tegen de muur gezet. De andere koempels werden gedwongen om te kijken. Ze wilden ons doodschieten.'

'Wat?' roept Stef geschrokken.

'Stil maar jongen, het feest ging niet door. Ze wilden ons alleen maar de stuipen op het lijf jagen. Er stonden tien Pruisen voor onze neus met hun geweer in de aanslag, maar toen riep een of andere hoge Befehlhaber: *"Nicht schiessen!"*

Ik had mijn laatste schietgebedje al opgezegd en je mag best weten dat ik het écht in mijn broek had gedaan van angst.

Daarna werden we in de gevangenis gestopt en we zouden een paar dagen later op transport gezet worden naar een concentratiekamp in Duitsland. Maar toen stond Heinrich ineens voor mijn neus. Ze hadden hem inmiddels ingelijfd bij de Duitse politie, omdat ze daar mensen tekort kwamen. Maar Heinrich bleek een echte koempel te zijn en liet me niet in de steek. Hij heeft me helpen ontsnappen en ik ben ondergedoken op de boerderij van mijn broer. Dezelfde waar mijn slimme paardje Lisa haar laatste dagen heeft gesleten.

Later hoorde ik dat ergens anders drie mijnwerkers echt waren gefusilleerd. Daar was het geen treiterspelletje geweest, maar werden die jongens doorzeefd met kogels. Toen ze me dat vertelden, heb ik een uur zitten janken. En God en Heinrich op mijn blote knieën gedankt dat ik nog leefde. Voor een Pruis was toen een mensenleven niet veel meer waard. Trouwens, ook een dierenleven niet. Ze hebben alle duiven van de duivenmelkers in de koloníé om zeep gebracht. Ze waren bang dat die duiven gebruikt zouden worden om geheime boodschappen over te brengen. Zo, en nou moet ik lucht hebben.' Opa zet het maskertje op zijn gezicht en begint met diepe teugen te inhaleren. De kinderen kijken naar hem met grote ogen.

Ineens rukt hij het maskertje af en fluistert boos: 'Maar weet je wat het allerergste was? Na de oorlog moesten we ons weer kapotwerken. De hele industrie van ons land lag op zijn gat, dus moesten er kolen komen om de machines weer te laten draaien. Nou, dat wil je best doen voor je land. Maar ze hadden weer mijnwerkers tekort. En toen kwamen er ineens allemaal kerels die met Duitsers hadden aangepapt. NSB'ers en dat soort tuig. Die boeven mochten kiezen: óf de gevangenis in óf de mijn. Zegt zo'n boef tegen mij: "Zit jij hier ook voor straf?" Wat was ik kwaad. Niet eens op die NSB'er. Die wist niet beter. Maar plotseling drong er iets tot me door. De mensen denken dat werken in de mijn een straf is. Terwijl het het mooiste beroep is dat je je kunt voorstellen. Maar vanaf die tijd ging ik twijfelen. En als ik daar beneden door die gangen kroop, dacht ik steeds vaker: Sjeng Bronckers, wat doe je hier eigenlijk? Gelukkig mocht ik zeven jaar geleden stoppen en nam ik vooral mooie herinneringen mee naar boven.' Opa drukt weer het maskertje tegen zijn gezicht.

Langzaam dringt het geroezemoes van de andere bezoekers weer tot de kinderen door. Ze hebben zo ingespannen zitten luisteren dat ze alles om hen heen vergeten zijn.

Ineens schettert de stem van de zuster door de zaal: 'Wil het bezoek afscheid nemen?'

Opa doet zijn maskertje af en gromt: 'Wat een vreselijk mens.'

Stef geeft zijn opa een zoen.

'Tot gauw jongen,' zegt opa.

Wietske drukt ook een kus op opa's wang.

Victor geeft netjes een hand, want kamelen zoenen niet zo graag.

Joep komt de zaal binnen en neemt ook afscheid.

Als ze even later weer in de bus zitten, zegt Wietske: 'Wat een spannende opa heb jij.'

Stef knikt.

In zijn hoofd tuimelen allerlei gedachten over elkaar heen. Het verhaal van opa voor het vuurpeloton kende hij nog niet.

Opa is dus al een paar keer bijna dood geweest. Eerst met Lisa en later in de Tweede Wereldoorlog. Dan denkt hij aan opa's vriend Mario, aan de drie mijnwerkers die vermoord werden, aan Victors vader en aan Harrie de televisieduif. Soms is de dood akelig dichtbij.

Een zoen en een vlieger

Op woensdagmiddag zitten de jongens met hun jas aan bij
Stef in de tuin. Eigenlijk is het veel te fris om lang buiten
te blijven. Maar ze mogen vandaag niet binnen spelen,
omdat Joep nachtsjiech heeft gehad en ligt te slapen. En bij
Victor kunnen ze ook niet terecht, omdat zijn moeder
hoofdpijn heeft en rust wil. 'Net als iedere maand,' zegt
Victor. 'Ze is ongesteld.'
Sinds een tijdje weet Stef wat dat is. Niet van zijn moeder
of zijn zussen, want die praten daar nooit over. Het was
hem de laatste tijd gaan opvallen dat ze soms zo chagrijnig
waren. En dat er ineens een volle emmer met zeepsop in
de keuken stond, waarin doeken lagen met bloedvlekken
erop. Hij vond het een griezelig gezicht en had een keer gevraagd: 'Wat is dat, mam?'
Hij kreeg het bekende antwoord: 'Daar ben jij nog te klein
voor. Dat vertel ik je later nog wel eens.'

Toen had hij het aan Victor gevraagd en die wist het. Soms is Stef wel eens jaloers op zijn vriend. Omdat hij geen vader meer heeft, behandelt zijn moeder hem veel minder kinderachtig.

'Vrouwen hebben een soort holletje in hun buik,' legde Victor hem uit, 'waarin een baby kan groeien. En iedere maand wordt de binnenkant van dat holletje bekleed met een dikke laag bloed, zodat die baby lekker zit. Maar als hij niet komt, wordt alles weer schoongemaakt. De rommel gaat dan door hun plasgaatje naar buiten. Daarom stoppen vrouwen van die doeken in hun broek en voelen ze zich een paar dagen vervelend. En daarom heeft mijn moeder het ook verteld, want dan houd ik me tenminste rustig als ze het weer heeft.'

Nóg rustiger, dacht Stef.

De bloederige emmer in de keuken was na de uitleg van Victor ineens veel minder eng. Toen er laatst weer eentje stond, vroeg Stef aan zijn zussen: 'Wie is er ongesteld?'

Doortje en Martha keken hem eerst verbluft aan en liepen toen giechelend de keuken uit.

De jongens zitten samen op het stoepje voor de keuken-deur.

Eerst schrijven ze het verhaal van opa over de oorlog in hun geheime schrift. Daarna besluiten ze om een grote vlieger te maken.

Stef gaat in de schuur op zoek naar een paar dunne bam-boestokken. Ondertussen holt Victor naar huis om papier en lijm te halen. Op de terugweg koopt hij een bol vlieger-touw bij het kruidenierswinkeltje.

Even later zitten ze op de bank aan de tuintafel met alle spullen om zich heen. Eerst maken ze een kruis van de stokken, spannen er daarna touw omheen en plakken er voorzichtig het vliegerpapier op. Stef wordt altijd een beetje ongeduldig van al dat gepruts, maar Victor weet precies wat er moet gebeuren. Hij doet het meeste werk en Stef mag alles aangeven.

Ondertussen praten ze over Wietske.

'Ze moet maar gewoon lid worden,' zegt Victor, terwijl hij heel precies het rode papier op maat knipt.

'Ik weet het niet,' zucht Stef.

'Jij vindt haar aardig. En ze heeft bewezen dat ze een echte koempel is.'

'Dat is waar, maar we zijn altijd met zijn tweeën geweest. En ineens... Ik bedoel...' Stef zoekt naar woorden, maar Victor begrijpt hem meteen. 'Stef, wij blijven altijd elkaars beste vrienden. Wietske mag meedoen met onze club en verder niks. Geef me de lijmpot eens aan.'

Victor begint voorzichtig de randen van het papier in te smeren.

'We laten haar nog één test doen,' stelt Stef voor.

'Wat?' vraagt Victor.

'Dat verzinnen we nog.'

'Alleen nog de staart,' zegt Victor. 'Dan is hij af.'

De jongens zijn zo druk bezig dat ze niet merken dat Wietske de tuin binnenkomt.

'Ik heb een nieuw geheim,' zegt ze triomfantelijk. 'Een heel groot geheim.' Ze schuift naast de jongens op de bank.

'Even wachten,' zegt Victor. 'De laatste knoop in de staart... en klaar is de vlieger!'

'Nu het geheim,' zegt Stef.

'Als ik vandaag écht lid mag worden van de Jonge Koelpieten.'

Victor en Stef kijken elkaar aan en denken alle twee hetzelfde.

'Heb jij ons afgeluisterd?' vraagt Stef.

'Nee hoor. Ik kom net aanlopen. Met mijn geheim.'

De jongens geloven haar. Wietske liegt niet.

'Je moet vanmiddag de laatste test doen,' zegt Stef, 'daarna ben je echt lid.'

'Wat?'

'Dat verzinnen we nog.'

'Goed, dan zal ik het geheim vertellen.' Wietske buigt zich naar de jongens toe en fluistert: 'Mijn zus Femke krijgt een baby.'

De mond van Stef valt open, maar Victor vraagt nuchter: 'Hoe heb je dat ontdekt?'

'Ze was deze maand niet ongesteld. Weten jullie wat dat is?'

'Ja hoor,' antwoorden de jongens, alsof het heel gewoon is.

'Wat is het dan?'

'Er komt geen bloed uit je...' Stef wil zeggen 'plasgaatje', maar dat durft hij niet met Wietske erbij. 'Uit... uit...' gaat hij stotterend verder, '...uit... eeeh... geen bloed van onderen.'

'Heel goed,' antwoordt Wietske, alsof ze een les overhoort. 'Femke is bij de dokter geweest en nu weet ze het zeker. Ze is in verwachting van Joep.'

'En dat heeft ze allemaal aan jou verteld?' vraagt Victor.

'Natuurlijk niet, maar ik heb zitten afluisteren. Dat was niet zo moeilijk, want toen ik gisteravond in bed lag, hoorde ik beneden huilen. Ik ben boven aan de trap gaan zitten. Femke had ruzie met mijn vader en mijn moeder. Die waren ontzettend boos en mijn moeder zat te huilen. Je mag geen kinderen maken als je niet getrouwd bent.'

'Dat is alleen bij katholieken,' zegt Stef. 'En jullie zijn heidenen.'

'Dan mag het nóg niet. Mijn vader riep dat het een grote schande was en dat hij zich niet meer in de koloníe kon vertonen. En dat het hele dorp ons zal nawijzen en dat de goede naam van de familie Heemskerk te grabbel is gegooid.'

De jongens knikken. Ze weten precies wat Wietske bedoelt. Vorig jaar was een zusje van Fonske Bindels ineens verdwenen. 'Ons Jeske is een tijdje op vakantie bij familie,' had Fonske op school verteld. Maar al snel wist de hele koloníe wat er aan de hand was: Jeske Bindels kreeg een kind. Wie de vader was, wilde ze niet vertellen. Ze werd naar een nonnenklooster in Noord-Limburg gebracht. Daar was de baby geboren, maar Jeske had het niet zelf mogen houden. De nonnen zorgden ervoor dat het kind bij een andere familie werd ondergebracht. Jeske mocht niet eens weten waar haar kind naartoe was gegaan. Na een paar maanden kwam ze weer terug in Oranjedorp. Zonder kind. Daarna werd er niet meer over gesproken. De schande was uitgewist.

'Moet jouw zus nou ook weg?' vroeg Victor.

'Dat weet ik niet,' antwoordt Wietske. 'Maar Femke was al stiekem verloofd met Joep. Dát had ze mijn ouders al verteld. En nou wil ze zo gauw mogelijk met Joep trouwen. En het kan haar niks schelen wat de koloníe ervan vindt, daar heeft Femke mooi schijt aan.'

Stef grinnikt. 'Míjn ouders weten nog helemaal niks.'

'Daarom gaat ons pap met jouw vader praten,' zegt Wietske. 'Maar dat doet hij pas als jouw opa uit het ziekenhuis is. Ze gaan het vanmiddag wel aan míjn oma vertellen. Maar die is zo saai, die gaat niet eens huilen.'

'Even denken,' mompelt Victor. 'Eeeh...Wietske weet het. Haar ouders en haar oma en Femke en wij. Maar Joep? Weet die het eigenlijk al?'

Wietske buldert van het lachen en roept: 'Nee!'

Ook de jongens schieten keihard in de lach.

De keukendeur gaat open en Stefs moeder verschijnt op de drempel. 'Zachtjes!' zegt ze geërgerd. 'Joep slaapt.'

'Ja mam,' antwoordt Stef gedwee.

'Kunnen jullie niet even ergens anders gaan spelen?'

'Kom,' zegt Victor, 'de vlieger is klaar. We gaan hem oplaten op de hei.'

'Wacht even,' zegt Stefs moeder. Ze verdwijnt naar binnen en komt terug met drie dunne chocoladerepen met de afbeelding van een koe erop. 'Hier, voor ieder een koetjesreep. En nou wegwezen!'

De kinderen stormen de tuin uit. Het lijkt alsof ze op hun hielen worden gezeten, zo hard rennen ze. Ze willen zo vlug mogelijk op de hei zijn om verder te praten over het grote geheim van Wietske.

Onder het rennen bedenkt Stef van alles. Joep heeft dus al 'vleselijke gemeenschap' gehad met Femke. Maar wat zullen zijn ouders zeggen? Joep moet trouwen met een heiden. Zijn oma begint natuurlijk onmiddellijk te huilen en houdt nooit meer op. En opa? Die kan het vast niks schelen. En de pastoor? En de andere mensen uit de koloníé? Moet Femke naar zo'n klooster waar ze je kind afpakken? O nee, dat kan niet, want ze is niet katholiek. En als ze toch moet, zal Joep dat nooit goedvinden. Die houdt echt van Femke, dat heeft hij zelf gezegd.

Als ze op de hei zijn, ploffen ze neer bij de eerste dikke berkenboom die ze tegenkomen. De drie kinderen zijn helemaal buiten adem en pas na een tijdje kunnen ze weer praten.

Wietske is de eerste die iets zegt. Ze staat op en roept triomfantelijk: 'Ik word tante. Tante Wietske!'

Stef springt ook overeind. 'En ik word oom Stef!'

Wietske pakt hem bij de schouders. 'Stef, we worden oom en tante!' Ze begint te huppelen en trekt Stef met zich mee. Samen maken ze een klein dansje over de hei, terwijl ze brullen: 'We worden oom en tante! We worden oom en tante!'

Victor kijkt er een beetje beteuterd naar. Als Stef dat in de gaten krijgt, laat hij Wietske los en gaat gauw bij zijn vriend zitten. 'Jij wordt natuurlijk ook oom, want je bent mijn vriend.'

Victor antwoordt tevreden: 'Oóm Victor. Dat klinkt best aardig.'

De kinderen lachen.

Stef zegt: 'Joep en Femke hebben het dus gedaan met elkaar.'

'Wat?' vraagt Wietske uitdagend.

'Geneukt.'

Wietske bloost.

'Weet jij al wat dat is?' vraagt Victor.

Wietske wordt nog roder, maar ze wil zich niet laten kennen en antwoordt stoer: 'Een beetje. Maar ik doe het niet voordat ik getrouwd ben. Ik wil wel zoenen met een jongen, maar ik ben niet zo stom als mijn zus.'

'Wat doe je niet?' vraagt Victor onverstoorbaar.

'Nou.. eeeh... dat woord. Ik vind het trouwens helemaal geen leuk woord.'

'Je kunt ook "vleselijke gemeenschap" zeggen,' stelt Stef voor. 'Net als meneer pastoor.'

Wietske trekt een vies gezicht. 'Dat is helemaal raar.'

'Heb je al gezoend met een jongen?' vraagt Stef.

'Natuurlijk,' antwoordt Wietske en ze probeert zo verwaand mogelijk te kijken.

'Dat lieg je,' zegt Stef. 'Ik bedoel: écht gezoend. Een hele tijd met je lippen op die van een jongen.'

'Hoe lang?' vraagt Wietske.

'Vijf tellen.'

'Dat durf ik best.'

'Dan weet ik de laatste test,' zegt Stef. 'Je moet ons zoenen.'

Victor schrikt. 'Ik weet niet of ik dat wil.'

'Ik wel,' zegt Wietske. 'Jij moet tellen, Stef, dan zoen ik Victor.'

Ze pakt het gezicht van Victor en drukt haar lippen op zijn mond.

Stef kijkt er verbluft naar. Hij had niet verwacht dat ze het echt zou durven. Hij vergeet helemaal te tellen, totdat Victor met gesmoorde stem smeekt: 'Welwun.'

Stef telt razendsnel tot vijf.

Wietske laat zijn vriend los en draait zich naar hem om. Ze slaat twee armen om zijn nek en zoent hem ook. Stef kan nog net roepen: 'Tellen Vic!'

Zijn vriend telt als een kameel: heel rustig en bedaard.

Stef voelt hoe Wietske heel zachtjes haar lippen tegen de zijne drukt. Bij 'Twee' houdt hij zijn lippen stijf op elkaar, maar bij 'Vier' ontspant hij ze.

'Vijf!' roept Victor.

Wietske laat Stef los.

Die veegt met zijn mouw langs zijn mond en zegt: 'Dat was leuk.'

'Nu ben ik geen aspirant-lid meer!' roept Wietske triomfantelijk.

'Nog één extra test,' zegt Stef, want hij heeft de smaak te pakken.

'Ammehoela,' antwoordt Wietske.

Stef lacht. 'Waar zit je hoela?'

'Zeg ik niet.'

'Eerlijk is eerlijk,' zegt Victor. 'Dit was de test en je bent vanaf vandaag echt lid van de Jonge Koelpieten.'

'Eindelijk,' verzucht Wietske.

'En nu gaan we vliegeren,' stelt Victor voor. 'Bij de bunker, want daar staan minder bomen.'

Onderweg naar de bunker vraagt Wietske hoe het nou verder moet met Femke en Joep.

'Die trouwen gewoon,' zegt Stef.

'Maar jouw ouders dan?'

'Die schrikken zich het apezuur als ze het horen en er komt flink ruzie van. Maar Joep is niet bang voor ze. En ik zal hem wel helpen.'

'Jij?' vraagt Wietske spottend.

'Ja, want Joep vindt mij geen kleuter meer en hij heeft mij al een heleboel verteld over Femke en hem.'

'Maar niet over die baby.'

'Natuurlijk niet,' antwoordt Stef met grijns, 'want hij weet het zélf niet eens.'

Bij de bunker lopen ze eerst naar Harrie de televisieduif. Ze schrikken als ze bij zijn grafje komen. Er is niets van over. Iemand heeft het uitgegraven en het kruisje is weg. Een stukje verderop liggen een paar veren, een pootje en het elastiek van Victors katapult.

'Een vos of zo,' zegt Victor. 'Die heeft hem opgevreten.'

'Rotbeest,' roept Stef.

Ze hebben ineens geen zin meer om te vliegeren.

'Misschien moeten we het vandaag al aan Dries gaan vertellen,' zegt Victor.

Stef schudt moedeloos zijn hoofd. 'Dat kan niet, want Dries heeft middagsjiech, net als mijn vader.'

'Niks vertellen,' roept Wietske grimmig. 'We zouden een week wachten. Het is pas woensdag.'

De twee jongens knikken. Wietske heeft gelijk.

Ze blijven een hele tijd treurig staan kijken naar de veren en het pootje. Victor stopt het stuk elastiek in zijn zak.

Stef vraagt: 'Wil er iemand een koetjesreep?'

Zwijgend eten ze de chocolade op.

Wat een rare middag, denkt Stef. Eerst zaten we te lachen en te zoenen en nu zijn we ineens verdrietig.

De kinderen weten even niet wat ze moeten doen.

'Zullen we teruglopen naar de koloníé?' stelt Stef voor.

'Gaan we het kinderuurtje kijken. Vanmiddag is professor Plano weer op televisie. Hij gaat deze keer met zijn ruimteschip naar de planeet Hyperion.'

Wietske lacht bulderend. 'En wáár wou je televisie kijken?'

'Bij Dries Pelt natuurlijk... O nee, dat is niet zo handig.'

'Kom,' besluit Victor, 'we gaan vliegeren.' Hij klimt op de bunker en gooit het touw naar beneden. 'Eerst een flink stuk uitrollen,' commandeert hij, 'en een heel stuk verderop gaan staan. Als ik "Ja" roep, gaan jullie rennen en laat ik de vlieger los. Als hij de lucht in gaat, het touw nog meer laten vieren.'

Stef en Wietske doen wat Victor heeft gezegd.

'Nog verder weg,' roept Victor. 'Goed zo en nú rennen! Ja!'

Hij laat de vlieger los en met een sierlijke boog schiet deze de lucht in, steeds hoger en hoger. Wietske en Stef hollen zo hard ze kunnen. 'Stop!' roept Victor.

De vlieger duikt een paar keer naar links en rechts en blijft dan doodstil in de lucht hangen. Het touw staat mooi strak.

'Prachtig Vic!' roept Stef.

'Top!' juicht Wietske.

Victor zwaait naar ze. Dan pakt hij zijn katapult.

'Wat gaat hij nou doen?' vraagt Stef.

Victor richt zijn katapult op de vlieger en spant aan.

'Niet doen!' gilt Stef.

Victor laat het elastiek los en een steen vliegt recht op de vlieger af.

'Nee,' brult Stef weer.

De steen knalt met een harde droge klap dwars door de vlieger heen. Zelfs op de grond kunnen de kinderen het horen. De vlieger begint te tollen, zwenkt een paar keer heen en weer en duikt loodrecht naar beneden.

Als de vlieger de grond raakt, breekt hij met een droge knak in tweeën.

Victor is er als eerste bij.

Stef en Wietske rennen naar hem toe.

'Wat doe je nou?' vraagt Stef woedend.

'Ik weet het niet,' antwoordt Victor zacht. 'Ik moest ineens aan de duif denken. Het is niet eerlijk dat onze vlieger hier zomaar in de lucht staat. Dit is mijn straf.'

'Grote gek die je bent! roept Stef verontwaardigd.

'Het spijt me.'

Stef ziet tranen in de ogen van zijn vriend. Hij weet niet wat hij moet zeggen.

Wietske legt een arm om Victors schouder. 'Het geeft niet,' zegt ze.

'Het geeft wél!' schreeuwt Stef. 'Het was de mooiste vlieger die we ooit hebben gemaakt.' Woedend stampt hij weg naar de bunker.

Daar gaat hij in een hoekje zitten mokken. Waarom doet Victor zo raar? Die idioot schiet zomaar hun vlieger naar beneden. Voor straf. Hij is niet goed bij zijn hoofd. Wat voor straf? Waarvoor? En die gek gaat ook nog janken! Ineens snapt hij het: het gaat om Victors vader.

Hij kruipt de bunker uit en loopt naar zijn vriend.

Victor staat nog steeds op dezelfde plek bij de kapotte vlieger. Wietske is bezig het touw op te rollen.

'We gaan morgen naar Dries,' zegt Stef, 'om het te vertellen. Vandaag kan niet, want hij heeft middagsjiech samen met mijn vader. Die zijn vanavond pas laat thuis.'

'Doen we,' zegt Wietske.

Victor kijkt hen opgelucht aan.
'Zo goed?' vraagt Stef.
'Zo is het goed,' antwoordt Victor.

Glück auf!

Stef voelt zich een beetje zenuwachtig als hij door het getske naar huis loopt. Hij weet iets heel belangrijks, maar hij mag niks zeggen.

Toen ze aan eind van de middag terugkwamen van de hei, waarschuwde Wietske hem nog: 'Stef, als je het verraadt van mijn zus en jouw broer, krijg je nooit meer een zoen van mij. Maar wel een paar dreunen. Want ik heb het allemaal stiekem gehoord, dus eigenlijk weet ik niks. En jij al helemaal niet.'

'Mag ik ook niks tegen Joep zeggen?' probeerde Stef nog.

'Die komt er gauw genoeg achter, dus Bronckers: je houdt je mond! Zweer het!'

'Ik zweer het, Heemskerk.'

Als Stef de keuken binnenstapt, is Joep net uit bed. Hij zit aan tafel een boterham te eten, terwijl hun moeder sokken stopt. Het is behaaglijk warm in de keuken, want de deur naar de huiskamer staat wagenwijd open en daar brandt de kolenkachel. Meestal is die in deze tijd van het jaar al uit, maar omdat het nog best koud is, heeft Stefs moeder hem weer aangemaakt.

'Dag Joep, dag mam!' Stef doet zijn best om zo gewoon mogelijk te klinken. 'Lekker warm, die kachel.'

'Hallo, grote broer van me!' begroet Joep hem hartelijk.

'Fijn gespeeld met de vlieger?' vraagt zijn moeder.

'Ja mam.'

'Het gaat goed met opa. Hij mag vrijdagmorgen naar huis.'

'Fijn mam.'

Joep staat op. 'Ik ben even weg. Een vriend van me heeft een tweedehands scootertje staan. Een Vespa. Misschien is het wat.'

Stef ontploft bijna en wil roepen: 'Je moet naar Femke toe!' Maar hij perst zijn lippen op elkaar.

'Op tijd terug voor het eten,' zegt zijn moeder.

'Ja mam.'

Stef hoopt maar dat die scooter een smoes is. Hij staat op en loopt naar de huiskamer. Ik moet iets gaan doen, denkt hij, voordat ik weer iets verkeerds zeg. Uit de grote kast pakt hij zijn verzamelalbum met suikerzakjes.

'Goed idee,' zegt zijn moeder als Stef weer bij haar aan de keukentafel zit. 'Je moet er nog een hoop inplakken.'

Het zijn suikerzakjes van cafés uit heel Nederland. Die stuurt oom Sjeraar hem op, een broer van zijn moeder. Hij is handelsreiziger voor een bierbrouwerij en moet daarom door het hele land rijden om bier te verkopen. Van elk café waar oom Sjeraar komt, neemt hij een suikerzakje mee voor Stef. Het wordt langzamerhand al een hele verzameling. Op de meeste zakjes staat een tekening van het café met de naam en de plaats eronder. Als Stef door zijn album bladert, droomt hij vaak weg. 'Café De

Gouden Arend in Venlo,' zegt hij dan zachtjes tegen zichzelf. 'Hotel Jansen in Leeuwarden, Café De Oude Jan in Loenen aan de Vecht, Hotel Lambert in Helmond.' Allemaal plekken waar Stef nooit geweest is, maar waar hij ooit naartoe wil gaan. Tot nu toe kwam hij niet veel verder dan de koloníé en soms even in de stad. Eén keer zijn ze met de hele familie met de trein naar het sprookjesbos in Valkenburg geweest. Dat was eigenlijk vlakbij, maar Stef had ervan genoten. Het suikerzakje van Café De Wijze Kabouter uit het sprookjesbos kreeg een ereplaatsje in zijn album. Daar was hij tenminste écht geweest.

Zijn moeder rommelt achter hem met pannen. Ze wil gaan koken en Stef verhuist met zijn album naar de huiskamer. Daar is hij een hele tijd bezig om zijn nieuwste aanwinsten in te plakken.

Tegen half zes komen zijn zussen met veel kabaal binnen en even later is Joep ook weer terug.

Stef brandt van nieuwsgierigheid, maar Joep laat niks merken.

In de keuken heeft zijn moeder de tafel gedekt. Zijn vader eet niet mee, want die heeft nog steeds middagsjiech en is tussen de middag naar de mijn vertrokken. Daarom eten ze vandaag twee keer warm: eerst voor zijn vader en nu voor Joep.

Stef vindt het prima, maar zijn zussen zijn bang dat ze te dik worden en eten een paar boterhammen.

'Hoe was de scooter?' vraagt Stef.

Joep zit met smaak te eten van zijn bord kapucijners met spek en aardappelen. Hij slikt een grote hap door en antwoordt: 'Viel tegen.'

Doortje en Martha vertellen over hun werk. Ze werken alletwee op kantoor bij de mijn. Algauw gaat het over jongens.

'We hebben een nieuwe chef,' zegt Doortje. 'Een aardige vent. Hij komt uit Holland, maar hij doet gelukkig niet zo verwaand en hij vindt mij leuk.'

'Hou je bij je eigen soort,' moppert hun moeder. 'Er lopen hier in de koloníé genoeg jongens rond.'

'Nou en of,' zegt Martha.

'Ik trouw niet met een mijnwerker,' zegt Doortje. 'Altijd stof in je bed.'

De twee meiden gieren van het lachen.

Hun moeder schudt bedenkelijk haar hoofd.

Na het eten moeten de meisjes afwassen en Stef gaat verder met zijn suikerzakjes.

Joep bladert even door het album en zegt lachend: 'Je moet later maar een hotel beginnen met je eigen suikerzakjes. "Hotel Bronckers", dat klinkt goed.'

Stef knikt, want dat lijkt hem wel wat. Het is dat hij koelpiet wil worden, maar anders zou dat best leuk zijn.

Zijn moeder zet de radio aan. De omroeper zegt: 'Luisteraars, wij vragen thans uw aandacht voor Albert Milhado met "De gesproken brief uit Londen".' Daarna begint een meneer met een zware stem iets te vertellen.

Londen, denkt Stef, dat is de hoofdstad van Engeland. Misschien kan hij die Albert een brief sturen en hem om suikerzakjes vragen.

In de koloníé zijn meer kinderen die ze sparen, maar een suikerzakje uit Londen heeft natuurlijk niemand.

Joep suft ondertussen een beetje weg in de grote stoel van vader naast de kolenhaard.

Moeder zit te mopperen achter haar naaimachine. Ze probeert een gat in een van de mijnwerkersbroeken van Joep te herstellen. Maar de stof is zo stug en dik dat de naald van de machine breekt.

Als Doortje en Martha klaar zijn met de afwas, gaan ze in

de keuken een potje scrabbelen. Ze zitten flink te giechelen en Stef denkt: ze verzinnen vast allemaal vieze woorden.

Om acht uur moet hij naar bed. 'Zal ik even kolen halen in de schuur?' vraagt Stef.

Zijn moeder wijst naar de kolenkit naast de kachel. Het is een kleine zwarte ton die van boven schuin afloopt. 'Allemaal smoesjes,' zegt zijn moeder, 'want de kolenkit zit nog voor driekwart vol. Dus rap naar bed en niet vergeten je tanden te poetsen.'

Stef weet dat het geen zin heeft om tegen te stribbelen. En hij is allang blij dat ze niets over de levertraan zegt. Dat is een smerig drankje waar hij iedere avond een lepel van moet slikken. 'Voor de vitaminen,' zegt zijn moeder altijd. 'Daar word je groot van.'

Stef denkt wel eens: als het zo moet, blijf ik liever klein.

Maar vanavond vergeet zijn moeder gelukkig dat vieze spul. Hij geeft haar gauw een zoen en loopt naar Joep die naast de kachel in slaap is gevallen.

'Laat hem maar,' zegt moeder. 'Hij moet nog de hele nacht.'

In de keuken hangen zijn zussen slap van het lachen over de tafel. Stef probeert te ontdekken wat voor woorden ze hebben gemaakt, maar Doortje legt gauw het deksel van het spel over het bord. 'Welterusten Stef!' roepen de meiden in koor.

Met een raar gevoel sjokt hij naar boven. Er is van alles aan de hand en niemand heeft iets in de gaten.

Op zijn kamer trekt hij zijn pyjama aan en poetst zijn tanden. Als hij in zijn bed stapt, hoort hij iets op de trap. Hij herkent de voetstappen van zijn broer. Eindelijk!

'Was je bij Femke?' vraagt Stef meteen als Joep binnenkomt.

Joep lacht. 'Je houdt het allemaal goed in de gaten, hè? Ik moet je teleurstellen. Ik ben aan de deur geweest, maar er was niemand thuis.'

De saaie oma, denkt Stef. Daar waren ze natuurlijk naartoe. Dan flapt hij eruit: 'Je weet helemaal niks?' En meteen wil hij alles tegelijk: tong afbijten, door de grond zakken en zichzelf voor zijn kop slaan.

'Wat bedoel je?' vraagt Joep.

Stef kruipt zo diep mogelijk onder de dekens.

'Wacht eens even, broertje. Wat weet jij dat ik niet weet?' Joep trekt met een ruk de dekens van hem af.

Stef schudt radeloos zijn hoofd. 'Nee!'

Joep komt bij hem op bed zitten. 'Wat is er aan de hand, Stef? Vertel op! Ik heb jou ook dingen verteld die niemand mag weten. Ik dacht dat je mijn grote broer was, maar je doet erg kinderachtig.'

Stef staart hem even aan met grote ogen en duikt weer onder de dekens, terwijl hij bijna onverstaanbaar roept: 'Baby... Femke krijgt een baby.'

Joep trekt de dekens opnieuw weg. 'Wát zeg je?'

'Baby,' piept Stef, 'dat zei Wietske.'

Joep staat op en begint te ijsberen tussen het bed van Stef en de wastafel in de hoek. Hij vloekt een paar keer flink en ploft weer op het bed. Dan pakt hij Stef bij zijn schouders vast. 'We zijn elkaars grote broers, hè?'

Stef knikt.

'Dan vertel je me onmiddellijk wat je allemaal weet.'

'Goed,' antwoordt Stef en hij wordt ineens heel rustig. 'Wietske zei dat haar ouders woest zijn, maar dat Femke heel graag met je wil trouwen. Ze houdt van je en het kan haar niks schelen wat de kolonié ervan vindt. Daar heeft ze schijt aan.'

Joep knikt ernstig. 'Ja, zo is Femke. Die paradeert straks

trots door de kolonié met haar dikke buik. Maar ik weet niet... ik bedoel... een baby, nondeju!'

'Dus jullie hebben geneukt,' zegt Stef heel stoer.

Joep schiet van de zenuwen in de lach. 'Ja, dat hebben we! Maar we dachten dat het veilig was. Vrouwen hebben iedere maand een paar dagen dat ze kunnen vrijen zonder dat er een kindje van komt. We hebben ons vergist. Wat moeten we nou?' Joep zit er ineens heel verslagen bij.

'Jullie moeten gewoon trouwen,' zegt Stef. 'En een beetje vlug.'

Joep zucht. 'En pap en mam dan? En oma?'

'Moet Femke soms naar zo'n eng klooster, net als die zus van Bindels?'

Het lijkt wel alsof Stef met die opmerking een grote naald in zijn broers billen prikt. Hij springt overeind en zegt vastberaden: 'Dat nooit! Ik ga naar Femke toe. Én naar haar ouders. Dat kan nog net voor de nachtsjiech. Femke en ik gaan trouwen en we krijgen sámen dat kind.' Joep geeft een kleine roffel met twee vuisten op zijn borst. 'Stef, ik word vader!'

'Goed zo,' zegt Stef tevreden, 'en ik word oom.'

Joep lacht en pakt uit het laatje van zijn nachtkastje een stuk steen. 'Hier, die is voor jou. Het is een fossiel. Een van de mooiste die ik ooit in de mijn gevonden heb. Kijk maar, je ziet heel goed de afdruk van het blad van een varen. Ik wilde hem eerst aan Femke geven, maar jij verdient hem nu. Omdat je zo'n fijne broer bent. Voor Femke vind ik wel een andere.'

Stef aait voorzichtig over de steen. Zo'n bijzonder fossiel heeft hij nooit eerder gezien. De afdruk is haarscherp.

'Ik moet gaan,' zegt Joep. 'Duim maar voor me.'

'*Glück auf,* Joep!'

'Dank je, grote broer.'

Stef legt de steen naast zich neer op zijn stoel, boven op zijn kleren. Vol trots kijkt hij heel lang naar het fossiel. Daarna doet hij de grote lamp uit en probeert te slapen. Maar zijn hoofd lijkt net een draaimolen. Hij probeert te bidden. Dat doet hij niet vaak, maar als hij niet slapen kan, helpt het wel. En er is altijd genoeg om te vragen aan God. Dat Joep en zijn vader weer veilig bovenkomen. Dat Victor altijd zijn vriend zal blijven. Dat opa en oma heel oud mogen worden.

Vandaag heeft hij nog een paar extra dingen: 'God, zorg ervoor dat het goed komt met Joep en Femke. Dat mijn ouders en die van Femke niet te veel gaan zeuren en geen ruziemaken en zich niks aantrekken van de koloníe. En, o ja God, laat Dries morgen niet zo heel erg boos worden als we hem vertellen over Harrie.

En ik wil bidden voor Wietske die zo leuk is, tenminste meestal. Wilt u alsjeblieft regelen dat ze niet gaat beuken omdat ik het Joep verteld heb?

En wilt u er vooral voor zorgen dat ik een goede koempel wordt? En dat ik niet bang ben om de mijn in te gaan? Alsjeblieft God, heel alsjeblieft, want ik wil samen met Victor. Wij worden later koempel, diep onder de grond. Samen vechten, samen...' En eindelijk valt Stef in slaap.

Midden in de nacht wordt Stef wakker. Hij hoort iemand hard huilen. Hij moet onmiddellijk aan Wietske denken. Haar moeder had ook zitten janken toen ze hoorde dat Femke in verwachting was.

Stef stapt uit bed en huivert, want het zeil onder zijn voeten is ijskoud. Hij trekt gauw zijn sokken aan en opent zachtjes de deur van de slaapkamer. Boven aan de trap blijft hij staan luisteren en denkt: mam en pap weten het nu ook van de baby. Hij vindt het alleen raar dat zijn moeder zo tekeergaat, want dat had hij helemaal niet van haar verwacht.

Dan krijgt hij in de gaten dat het niet zijn moeder is. Het zijn Martha en Doortje die zo overdreven huilen. Stef gniffelt. Wat kunnen die grote zussen van hem zich aanstellen. Ze doen net alsof zíj nooit met jongens de hei op gaan.

Ineens hoort Stef een man praten. Hij denkt eerst dat het zijn vader is, maar dan herkent hij de stem van Dries Pelt. Wat moet de buurman hier zo laat? Die hoeft toch niet nú al te weten dat Joep vader wordt?

Even later hoort hij ook nog een onbekende stem. Het is een man, maar Stef heeft geen idee wie dat kan zijn.

Stef houdt het niet meer uit boven aan de trap. Hij móét weten wat er aan de hand is. Zijn moeder zal wel boos worden, maar dat kan hem niks schelen. Moeten ze beneden maar niet zo'n herrie maken.

Niemand heeft in de gaten dat Stef in zijn pyjama de kamer binnenkomt.

Het eerste wat hij ziet, is Dries, die midden in de kamer staat. Hij is nog niet in bad geweest, want zijn gezicht en zijn handen zijn helemaal zwart.

Martha en Doortje zitten met hun armen om elkaar heen te snikken op de bank.

Stefs moeder zit aan tafel en staart wezenloos voor zich uit. Naast haar staat iemand die hij niet kent.

Langzaam begint het tot Stef door te dringen. 'Waar is ons pap?' vraagt hij angstig.

Dries komt naar hem toe en legt een grote zwarte hand op zijn schouder. 'Stef, het is je vader niet, het is Joep.'

'Joep?' vraagt Stef met bevende stem.

'Je vader en ik waren klaar met onze sjiech. We kwamen Joep en de andere schiethouwers nog tegen toen we uit de lift stapten. Zij gingen de nachtsjiech in.

Je vader is gaan poekelen en ik heb buiten op hem ge-wacht. Net toen we naar huis wilden gaan, hoorden we dat er iets heel ernstigs was gebeurd met de ploeg van Joep. Er gingen onmiddellijk reddingswerkers naar beneden. Je va-der is bij de mijn gebleven om op nieuws te wachten. Ik ben meteen met Jan Gorissen hiernaartoe gekomen. Jan is van de mijnpolitie.'

Stef moet ineens aan Victor denken. Zo ging het ook toen zijn vader verongelukte. De mijnpolitie komt het altijd ver-tellen.

Hij voelt de tranen achter zijn ogen branden en stamelt: 'Is Joep dood?'

'Daar moet je niet meteen aan denken, jonkie,' antwoordt Dries. 'Het kan altijd meevallen.' Dries klinkt niet erg over-tuigend.

'Ik wil naar de mijn,' zegt Stef, 'naar Joep!'

Zijn zussen beginnen weer luid te jammeren.

'Jonkie,' zegt Dries, 'dat heeft geen zin.'

Dan houdt Stef het niet meer en rent huilend naar zijn moeder. Die trekt hem bij zich op schoot en zegt met ver-stikte stem: 'We weten nog niks, Stef. Laten we met elkaar bidden en God vragen ons niet in de steek te laten.'

Jan Gorissen staat op. 'Ik ga terug naar de mijn. Zodra ik nieuws heb, kom ik weer langs.'

Stefs moeder veegt de tranen uit haar ogen. 'Goed Jan.' En tegen Dries zegt ze: 'Ga jij je maar gerust wassen, hoor. Het kan nog lang duren voor we wat horen.'

De twee mannen lopen zwijgend naar buiten.

Stefs moeder slaat een kruisteken en bidt zachtjes: 'Wees gegroet Maria, vol van genade, de Heer is met U...'

Stef bidt mee, maar ondertussen dwalen zijn gedachten af. Wanneer heeft hij voor het laatst bij zijn moeder op schoot gezeten? Hij kan het zich niet meer herinneren.

Als je groot wordt, kruip je niet meer zo dicht bij je moeder.

Martha en Doortje bidden hardop mee. Telkens komen dezelfde woorden terug. 'Wees gegroet Maria, vol van genade...'

De buurvrouw komt binnen. 'Jullie mogen de moed niet opgeven,' zegt ze. 'Toen ze vorig jaar kwamen vertellen dat er iets met Dries was, dacht ik ook het allerergste. Wij mijnwerkersvrouwen moeten sterk blijven, wat er ook gebeurt.'

Stefs moeder knikt. De buurvrouw slaat ook een kruisteken.

Het weesgegroet wordt heel vaak herhaald. Door de telkens terugkerende woorden van het gebed wordt iedereen langzaam wat rustiger.

Opeens horen ze de achterdeur opengaan. Ze kijken elkaar aan.

Stefs vader komt de huiskamer binnen. Hij ziet spierwit.

'Onze Joep,' zegt hij alleen maar.

'Wat?' vraagt Stefs moeder zacht.

'Onze Joep,' herhaalt zijn vader.

'Wat is er met Joep?' schreeuwt moeder. Stef schrikt, want zo kent hij zijn moeder helemaal niet. Hij glijdt van haar schoot en loopt naar zijn vader.

Die zegt bijna fluisterend: 'Onze jongen is dood.'

Stefs moeder zit nu als bevroren op haar stoel.

Martha vraagt wanhopig: 'Pap, wat is er gebeurd?'

'Joep en de andere koempels van zijn ploeg moesten een stuk steengang opblazen. Ze hadden alles goed gecontroleerd en het springen ging goed. Na de ontploffing lag er een grote berg stenen. Joep was vast begonnen met puinruimen, terwijl de andere koempels stutten en dwarsbalken gingen halen om de nieuwe gang te kunnen maken.

Toen Joep zijn schep in het puin zette, stuitte hij op een paar achterblijvers; dat zijn staven dynamiet die nog niet zijn ontploft. Zoiets komt bijna nooit voor, maar deze keer...' Stefs vader slaat zijn handen voor zijn gezicht.

Stef glipt langs hem de keuken in. Hij wil weg, hij wil dit niet zien, hij wil dit niet horen.

De buitendeur staat nog open. Stef rent op zijn sokken de tuin in en blijft halverwege het grasveldje staan. Hij wil dat dit een droom is. Net zo'n angstdroom als hij vaker heeft, want die gaat altijd voorbij. En daarna is zijn moeder er om hem te troosten.

In huis begint iemand hartverscheurend te huilen. Stef herkent de stem van zijn moeder en weet dat het geen droom is. Joep is dood. Zijn lieve grote broer is dood.

Ik ga het Dries vertellen, denkt Stef en hij loopt het getske in.

Bij zijn buurman staat de deur van de badkamerschuur op een kier en er brandt licht.

Stef duwt de deur verder open.

Dries zit in bad. Overal is schuim, alleen het hoofd van Dries steekt erboven uit.

'Dries,' schreeuwt Stef, 'Joep is dood!' Hij holt naar de badkuip en zakt ervoor op zijn knieën. Wanhopig klemt hij zich vast de rand van het bad en begint te huilen.

'Jonkie toch,' troost Dries hem. 'Huil maar, huil maar zoveel als je kunt.' Hij legt zijn hand op Stefs hoofd en de tranen vermengen zich met het schuim dat van Dries zijn hand af glijdt.

'Hij was mijn grote broer, Dries, en ík was zíjn grote broer. Dat heeft hij zelf tegen mij gezegd. Hij vertelde mij alles. Dat hij stiekem met Femke Heemskerk verloofd was en dat ze vleselijke gemeenschap gehad hebben en dat Femke een baby krijgt.'

'Wat zeg je nou toch allemaal, jonkie?'

'Het is echt zo, Dries. En het kon Joep niks meer schelen wat de koloníé daarvan zou zeggen. En Femke ook niet.'

Dries pakt een handdoek en veegt de tranen en het schuim uit Stefs gezicht. 'Rustig nou maar, jonkie.' Hij schuift het krukje dat naast het bad staat naar Stef toe. 'Hier, ga even zitten. Die vloer is veel te koud.'

'Misschien is het de straf van God,' zegt Stef.

'Hoe kom je daar nou bij, jonkie?'

'Victor heeft... nee, wij hebben jouw televisieduif doodge-schoten. Niet expres, écht niet. Het was per ongeluk. Echt waar, Dries.' Stef vertelt nu hortend en stotend wat er ge-beurd is.

Dries hoort het hoofdschuddend aan.

'We wilden het je echt vertellen, Dries. Morgen, want dat hebben we afgesproken. Maar we hadden het eerder moe-ten doen, want dan was Joep misschien niet doodgegaan.'

'Onzin,' zegt Dries streng. 'Dat moet je onmiddellijk uit je hoofd zetten, jonkie. Die duif heeft daar niets mee te maken. Het is vervelend dat ik Harrie kwijt ben, maar er zijn meer duiven op de wereld en er is maar één Joep.'

Stef kijkt hem met betraande ogen aan. 'Ben je niet boos?'

'Nee jonkie, natuurlijk niet. Er zijn vannacht veel ergere dingen aan de hand. En dat allemaal door die rotmijn. Ik haat de koel.'

Stef gelooft zijn oren niet. 'Jij?'

'Ja jonkie, al mijn hele leven. Dat is het grote nadeel als je opgroeit in de koloníé. Mijn vader was mijnwerker, dus kleine Dries moest ook. Of hij wou of niet.'

'Maar je kon toch zeggen dat je niet wilde?'

'Zo gemakkelijk deed je dat niet, jonkie. Iedereen ging en het verdiende ook nog goed. Maar je mag best weten dat ik de eerste paar keren bijna kapotging als ik daar beneden uit de lift stapte. Maar het wende snel. Kijk jonkie, je moet er gewoon niet aan denken dat je vijfhonderd meter onder de grond zit. Iedere keer als ik nu ga, moet ik iets in mezelf overwinnen, want ik ben nog altijd bang. Maar ik ben ook een grote kerel, hè, dus stop ik de angst diep weg in mezelf. Minstens tien torens diep.

Maar er is één ding dat ik nooit heb kunnen wegstoppen, hoe ik ook mijn best heb gedaan. Dat is het gevoel dat ik een slaaf ben. Een slaaf van de mijndirectie. Als ik vroeger stond te poekelen met de andere koempels in die kale doucheruimte, dan voelde ik me vernederd. En ik dacht: ik ben niks, ik ben alleen maar een vieze koempel die gebruikt wordt door de hoge heren. Zie me hier eens staan tussen al die naakte kerels die elkaar moeten afschrobben. En na een tijdje dacht ik: daar moet je wat aan doen, Dries, anders hou je het niet vol. Toen heb ik deze badkamer gebouwd. Jonkie, ben jij ooit in zo'n groot huis van een mijndirecteur geweest?'

'Nee Dries.'

'Nou, ik wel. Er was daar een duif door het zolderraam naar binnen gevlogen. De directeur vroeg of ik hem wilde vangen. Dat heb ik gedaan, maar ondertussen neusde ik stiekem rond en zag ik de luxe waarin die man leefde. Toen ik zijn badkamer zag, zei ik tegen mezelf: dát wil ik ook. Daarna heb ik dit paleisje voor mezelf gebouwd. Ik hoef nooit meer te poekelen op de mijn. Als ik daar beneden rondkruip door de vuiligheid, denk ik altijd: strakjes ligt Dries in zijn éígen bad, in zijn éígen badkamer en wast daar die godvergeten koel van zich af. En zo blijft Dries een flinke jongen ónder en bóven de grond.'

Stef heeft met open mond geluisterd.

'Ga jij de koel in?' vraagt Dries.

Stef geeft geen antwoord.

'Je moet niet gaan, jonkie.'

Stef haalt zijn schouders op.

Buiten roept iemand zijn naam.

'Ze zoeken je,' zegt Dries, 'ga maar gauw.'

'Dag Dries,' zegt Stef.

'Dag jonkie, en voortaan een beetje voorzichtig met mijn duiven, hè?'

'Ja Dries.'

Stef loopt het getske in. Achter de badkamer van Dries blijft hij staan. Hij hoort zijn vader roepen: 'Stef, waar ben je? Het is veel te koud buiten in je pyjama.'

Koud, denkt Stef, ik heb het helemaal niet koud. En ineens is er, heel diep in hem, net zo'n gevoel als bij Dries. Nee, het is een weten dat er altijd al is geweest. Iets wat hij nooit heeft kunnen wegstoppen, hoe hij ook zijn best heeft gedaan. Hij wil helemaal de mijn niet in. Hij wil geen koempel worden. Hij heeft zichzelf altijd voor gek gehouden. En zijn beste vriend Victor.

Stef loopt de tuin in.

Zijn vader staat een sigaret te roken.

'Waar zat je?'

'Ik heb Dries verteld van onze Joep.'

Zijn vader dooft de sigaret en slaat een arm om hem heen.

'Kom maar gauw mee naar binnen.'

Samen lopen ze het huis in, waar zo onnoemelijk veel verdriet is dat Stef zich er geen raad mee weet. Gelukkig zegt zijn vader: 'Ga maar weer naar bed en probeer nog wat te slapen.'

Als Stef even later onder de dekens kruipt, ziet hij het fossiel liggen. Hij pakt het voorzichtig op en drukt het tegen zich aan.

Ik geloof het niet, denkt hij. Het is niet waar. Hij moet Joep nog zoveel vragen, nog zoveel vertellen.

Plotseling hoort hij beneden weer iemand heel hard huilen. Dat is natuurlijk weer een van de meiden. Maar dan dringt het langzaam tot hem door dat dit een heel ander huilen is. Het is een man die daar zo tekeergaat, het is zijn vader.

Stef heeft hem nooit horen huilen.

Met het fossiel tegen zich aan geklemd blijft hij liggen luisteren. Minutenlang.

Dan wordt het stil.

Stef legt het fossiel weg en stapt uit zijn bed. Hij weet ineens wat hij moet doen. In de hoek van de kamer staat zijn schooltas. Hij haalt het Geheime Mijnboek eruit, pakt een potlood en begint te schrijven.

Afscheid

De dagen daarna is het druk in huis. Er lopen steeds mensen binnen die willen laten merken dat ze meeleven met de familie.

Jan Gorissen van de mijnpolitie komt ook op bezoek, samen met hoofopzichter Huntjens. Namens de mijn betuigen zij 'hun innige deelneming'.

Huntjens vertelt dat Joep inmiddels door de reddingsploeg naar boven is gebracht. 'En we weten vrijwel zeker dat hij op slag dood moet zijn geweest.'

'Mogen we hem zien?' vraagt vader.

'Het spijt ons,' antwoordt de hoofdopzichter, 'maar dat kan niet meer. Jullie zoon is zo zwaargewond geraakt dat het beter is als jullie je hem blijven herinneren zoals hij was. Een mooie jonge vent in de kracht van zijn leven.'

Moeder moet weer huilen. Vader bijt op zijn lip en vecht tegen zijn tranen.

Stef vraagt zich af hoe Joep er nu uitziet. En eigenlijk vindt hij het raar dat die hoofdopzichter zomaar beslist dat hij zijn broer niet meer mag zien. Het kan hem niks schelen of Joep zwaargewond is. Het blijft zijn broer.

Maar zijn ouders zijn het met Huntjens eens.

De hoofdopzichter zegt nog dat vader tot na de begrafenis niet hoeft te werken. En als Stef ook liever thuisblijft, wil Huntjens dat wel regelen met meester Frissen.

'Dat hoeft niet,' zegt Stef, want hij is allang blij dat hij overdag naar school kan. Thuis wordt hij alleen maar verdrietiger van al die mensen die op bezoek komen en steeds hetzelfde zeggen.

'Het is een drama.'

'Het leven van een mijnwerker is altijd in Gods hand.'

'Mijn condoleances.'

'Het valt niet mee voor ons mijnwerkersvrouwen.'

Stef moet wel vanuit school direct naar huis komen en mag niet buiten spelen. 'Dat geeft geen pas,' heeft zijn moeder gezegd, 'met een sterfgeval in de familie.'

Het begint Stef op te vallen dat grote mensen ineens raar gaan praten als er iemand dood is. Alsof ze het over iemand hebben die ze niet kennen.

Op school bidt meester Frissen 'voor de dierbare overledene en zijn familie'.

Stiekem voelt Stef zich een beetje trots, want hij is ook familie, dus de hele klas moet voor hem bidden. Zélfs Colla Hameleers en Fonske Bindels.

Als hij dat tegen Victor zegt, moet die lachen.

Stef ziet zijn vriend deze dagen alleen maar op school. Dat vindt hij jammer, want hij zou graag met hem over Joep willen praten.

En hij moet hem het Geheime Mijnboek laten lezen. Maar hij wil dat niet zomaar aan Victor geven. Dat kan pas als ze een keer samen zijn, zonder iemand erbij. Want hij heeft niet alleen over Joep geschreven. Er staat nog iets anders in het schrift. Iets wat Victor misschien net zo erg zal vinden als de dood van Joep.

Als Stef 's middags uit school komt, zitten de buurvrouw en opa en oma in de huiskamer bij zijn ouders. Opa mocht vanochtend weer naar huis.

Hij zit te mopperen in de grote stoel naast de kachel. Stef is er bijna blij om: opa is in elk geval weer de oude.

'De mijn is een moordenaar,' gromt opa. 'Een smerig monster dat mensen verslindt.'

'Pap, alsjeblieft,' zegt Stefs vader.

Oma snikt: 'De mijn gééft en de mijn néémt.'

Opa priemt met zijn vinger naar Stef. 'En wil je die jongen ook de dood in jagen?'

'Ophouden!' roept zijn vader boos.

Opa pruttelt wat na, maar houdt zich verder stil.

De bel gaat.

'Ik doe wel open,' zegt Stef en hij rent naar de gang.

Voor de deur staat Femke met haar vader. De grote zus van Wietske ziet er slecht uit en haar ogen zijn rood van het huilen.

Stef weet waarvoor ze komen.

'Kom gauw binnen,' zegt hij bijna opgewekt.

In de huiskamer schudden de grote mensen elkaar de hand. 'Gecondoleerd,' hoort Stef alsmaar zeggen.

Moeder schenkt koffie in, terwijl ze ondertussen nieuwsgierig naar Femke kijkt.

'Mijn dochter,' begint de vader van Femke aarzelend, 'heeft jullie iets te vertellen. Iets belangrijks dat jullie moeten weten.'

Iedereen gaapt haar aan, maar Stef denkt: eindelijk!

Femke zucht diep en stamelt schor: 'Joep... ik...'

'Toe maar,' zegt haar vader.

'Joep en ik hadden... hadden... ons stiekem... eeeh... verloofd...'

'O nee toch,' kreunt oma.

'We hielden ontzettend veel van elkaar en we wilden trouwen.' Ineens klinkt Femkes stem heel helder en zeker: 'We wisten dat het moeilijk zou worden, omdat Joep katholiek is en ik niet. Maar daar wilden we voor vechten. En we hebben misschien een fout gemaakt. We zijn verdergegaan dan we eigenlijk mochten. Ik ben in verwachting van Joep, maar daar schaam ik me niet voor.'

Het blijft even stil. Alsof niemand echt kan geloven wat Femke vertelt. Maar ineens begint iedereen door elkaar te praten. Oma barst los in gejammer, opa zit te lachen, vader vraagt boos: 'Waarom vertel je dat nu pas?' en de buurvrouw roept: 'Wat een schande!'

De enige die niets zegt is Stefs moeder. Die zit weer als een standbeeld aan tafel.

Ineens weet Stef wat hij moet doen. Hij rent naar boven en haalt zijn fossiel. Als hij weer beneden komt, kletst iedereen nog steeds door elkaar.

Stef loopt naar Femke toe en geeft haar de steen met de afdruk van de varen erin. Het wordt langzaam stil in de kamer

'Voor jou,' zegt Stef. 'Joep had hem mij gegeven omdat ik zijn grote broer ben. Het is het mooiste fossiel dat hij ooit gevonden heeft. Jij mag het hebben en later moet je het aan je kindje geven. Van Joep.'

Femke begint zachtjes te snikken.

Stefs moeder staat op en gaat naar haar toe. Ze slaat twee armen om haar heen en zegt: 'We zullen goed voor je zorgen én voor je kind. Wat de mensen er ook van mogen zeggen.'

'Zo is dat,' roept opa tevreden. 'We moeten blij zijn. Onze

Joep is er niet meer, maar dat kind wel. Laat dat mormel maar komen, meidske.'

'En de schande?' vraagt de buurvrouw.

'Mens, rot toch op met je schande. Het is hier in de koloníé één grote poppenkast. Iedereen houdt iedereen in de gaten. Joep hield van dit meidske. Ik zal dat kindje met open armen ontvangen. Wie had gedacht dat ik dát nog kunnen zou meemaken: een achterkleinkind!'

De buurvrouw staat op en snauwt: 'Ik weet wanneer ik ergens te veel ben.' Met opgeheven hoofd loopt ze naar de keuken en verdwijnt door de achterdeur naar buiten.

'Kwezel!' roept opa haar na.

'Opa, alsjeblieft,' zegt moeder, maar Stef ziet dat ze moeite moet doen om niet in de lach te schieten. Hij weet dat zijn moeder de buurvrouw af en toe ook een grote zeurkous vindt. Maar als je in de koloníé naast iemand woont, mag je zoiets nooit laten merken.

Oma zit steeds te snotteren.

'Mia,' zegt opa, 'nou moet je ophouden. Neem een voorbeeld aan Stef. Goed gedaan, jongen!'

Stef kijkt tevreden om zich heen. Hij is opgekomen voor zijn grote broer. Die zal trots op hem zijn.

De hele koloníé loopt uit voor de begrafenis. De kerk zit vol. Stef zit samen met de rest van de familie vooraan, vlak bij de kist van Joep. Hij kan zich bijna niet voorstellen dat zijn broer daarin ligt. Maar om hem heen wordt flink gesnotterd, dus het moet wel, anders huilen al die mensen voor niks.

Hij probeert het ook, want ze moeten niet denken dat hij geen verdriet heeft. Maar het lukt niet, want zijn tranen zijn op.

Gelukkig zijn papa en mam ook heel rustig. Stef moet denken aan wat zijn vader vanmorgen zei, voor ze naar de kerk gingen: 'Ons leven is in Gods hand, en zeker het leven van een koempel. Dat zullen we moeten aanvaarden, hoe moeilijk dat ook is.'

Stef was vanbinnen heel boos geworden. Hij wilde niks 'aanvaarden'. Het leek bijna wel of zijn ouders het niet meer erg vonden dat Joep dood was.

Het liefst had hij willen schreeuwen: 'God is een rotzak.' Maar hij had alleen op zijn lip gebeten en verder zijn mond gehouden, want zoiets zeg je niet op een begrafenis.

De heilige mis in de kerk duurt eindeloos lang. Stef wordt slaperig van het gezang en de geur van wierook. Hij doezelt een beetje weg tegen de schouder van zijn moeder.

Voorzichtig stoot zijn moeder hem aan; de mis is voorbij.

Zes mijnwerkers dragen de kist de kerk uit. Het zijn de koempels met wie Joep gewerkt heeft.

Buiten zet de mijnharmonie de Heldenmars in.

Stef voelt eindelijk tranen in zijn ogen. Het lijkt wel een waterval, zoveel zijn het er. Het liefst zou hij nu willen wegkruipen bij zijn moeder, maar dat kan niet, want ze moeten met de hele familie achter de kist aan.

Ik moet nu flink zijn, denkt hij. Laat die tranen maar komen, maar ik ga niet als een vaatdoek achter Joep aan. Rechtop, Stef Bronckers! Je bent Joeps grote broer!

Femke loopt tussen zijn vader en moeder. De hele koloníé weet inmiddels wat er aan de hand is. Maar in plaats van schande te roepen, hebben de meeste mensen medelijden met haar.

Op het kerkhof achter de kerk laten de koempels de kist langzaam in de grond zakken. De mijnharmonie speelt 'Glück auf'.

Daarna is het voorbij.

Na de begrafenis komen familie en vrienden op bezoek.
Het is zo druk dat Stef ongemerkt het huis uit kan glippen. Hij neemt het Geheime Mijnboek mee en gaat naar Victor.
Zijn vriend is blij hem te zien.
'Ontsnapt?' vraagt Victor.
Stef knikt. 'We gaan naar de bunker. Ik moet je iets belangrijks laten lezen.'
In de bunker geeft Stef hem het schrift en Victor leest:

'Mijn grote broer Joep is dood.
Ik kan hem niets meer vragen. Nooit meer.
En ik kan hem geen raad meer geven.
Want we waren elkaars grote broer.
Het is gemeen.
Bestaat God eigenlijk wel?
Ik heb met Dries gepraat. Die haat de mijn. Daarom heeft hij een badkuip. Hij voelt zich een slaaf van de mijndirectie. In zijn mooie badkamer voelt hij dat niet meer.
Mijn opa haat de mijn ook. Hij kan er mooi over vertellen, maar ook over vloeken en tieren.
En ik ben bang voor de mijn. Ik droom dat ik er niet meer uit kom, net als Joep.
Victor wil koelpiet worden, samen met mij.
Maar ik wil het niet meer. Ik weet niet hoe ik dat aan hem moet vertellen, want hij is mijn beste vriend.
Ik wil dat hij dat blijft.
Voor altijd.'

Gespannen kijkt Stef naar Victor. Die leest heel langzaam wat er in het schrift staat. Als een kameel.
Dan staat hij op en loopt zonder een woord te zeggen de bunker uit.

Stef blijft verslagen achter, want hij weet zeker dat hij zijn vriend voorgoed kwijt is.

Hoe lang hij daar gezeten heeft weet hij niet meer, maar ineens hoort hij iemand aankomen.

Victor?

Het is Wietske. 'Ik heb je overal gezocht en ineens wist ik waar je was.'

Zonder iets te zeggen geeft hij het schrift aan haar.

Als ze klaar is met lezen, zegt ze: 'Ik snap het heel goed. Ik zou ook niet meer de mijn in gaan als ik een dode broer had.'

'Victor is kwaad weggelopen,' zegt Stef met verstikte stem.

'Victor is af en toe een rare,' antwoordt Wietske fel. 'Hij denkt dat hij de mijn in moet, omdat zijn vader hem in de gaten houdt, vanuit die rare hemel van jullie.'

'En jij,' vraagt Stef, 'jij wilt toch ook?'

'Ik mag helemaal niet, dat weet je best. Maar ik vond het gewoon fijn om bij jullie club te horen. De meeste kinderen uit de koloníé doen achterlijk tegen mij. Omdat ik niet katholiek ben en op de openbare school in de stad zit. Maar Victor en jij zijn aardig. Daarom wilde ik bij de Jonge Koelpieten.'

Stef kijkt treurig naar het Geheime Mijnboek en mompelt: 'Die bestaan niet meer.'

'Ook zonder club kun je vrienden zijn,' zegt Wietske.

'Denk je?' vraagt Stef somber.

Buiten roept iemand zijn naam.

'Victor,' zegt Wietske. 'Kijk maar uit, misschien schiet hij met zijn katapult.'

Voorzichtig kruipen de kinderen de bunker uit. Stef drukt het Geheime Mijnboek tegen zich aan.

Victor staat vlakbij. In zijn hand houdt hij een grote vlieger, die er prachtig uitziet. Rood met gele en groene banen en in het midden een grote zilveren ster.

151

'Een nieuwe,' zegt Victor, alsof het heel gewoon is dat hij hier ineens opduikt met een vlieger. Hij geeft hem aan Stef. 'Die heb ik voor jou gemaakt toen jij niet naar buiten mocht. Deze keer houden we hem heel. En mag ik nou even ons Geheime Mijnboek?'

Verbouwereerd geeft Stef hem het schrift.

Langzaam begint Victor het kapot te scheuren.

'Wat doe je nou?' roept Stef verontwaardigd.

'De Jonge Koelpieten bestaan niet meer.' En onverstoorbaar scheurt Victor verder.

Stef staart verslagen naar de handen van zijn vriend die langzaam maar zeker hun schrift in stukken scheuren.

Wietske fluistert: 'Wat zonde.'

Dan gaat Victor op zijn hurken zitten en graaft zwijgend een kuil. Daarin legt hij de resten van het schrift en schuift er met zijn voet het zand overheen.

Daarna pakt hij de vlieger uit Stefs hand. 'Kom, we gaan hem oplaten,' zegt hij alsof er niets is gebeurd.

Victor loopt naar de bunker, klimt erop en gooit het touw naar beneden. 'Afrollen en rennen als ik "Ja" roep,' commandeert hij.

Samen met Wietske pakt Stef het touw en begint te lopen.

'Ja!' roept Victor.

Ze beginnen te rennen en de vlieger schiet omhoog.

Na een paar korte duikelingen staat hij mooi strak tegen de blauwe lucht.

Stef kijkt naar Victor.

Zijn vriend zwaait en roept: 'We zijn voortaan koempels in de lucht.'

Stef zwaait terug.

Dan laat hij zijn hand weer zakken en veegt daarmee de tranen uit zijn ogen.

Hoe het verderging

Zuid-Limburg, 2002

'Kijk, Jacques,' zegt Stef tegen mij, 'in dat huis woonde Wietske vroeger.'
Samen met hem loop ik door de koloníé.
Hij blijft staan en wijst naar een paar hoge flats. 'En daar stonden vroeger huizen. In een ervan woonde Victor. Je kunt je bijna niet meer voorstellen dat dit ooit een apart dorp is geweest. Het is helemaal opgeslokt door de stad.'
We komen op het pleintje met het kerkje, de grote tamme kastanje en de bank. 'Die zijn er gelukkig nog,' zegt Stef. Als we er samen op gaan zitten, mompelt hij: 'Het is niet meer dezelfde. Onze bank was nog helemaal van hout.'
Ik probeer me voor te stellen hoe Stef, Victor en Wietske hier ooit heel lang op hun hurken zaten, zoals alleen echte koelpieten dat kunnen.

'Mijn opa had gelijk,' zegt Stef, 'toen hij riep dat het afgelopen zou zijn met de koel. Niemand had het toen in de gaten, maar een paar jaar later besloot de regering dat alle mijnen dicht moesten. Dat was in 1965. Aardgas en olie waren langzamerhand veel goedkoper dan steenkool.

De laatste kolen werden in 1974 naar boven gehaald en daarna was het voorgoed afgelopen. Dat kwam hard aan hier in Limburg, want bijna vijftigduizend mensen moesten ander werk zoeken.

Mijn opa was toen al in de zeventig, maar nog altijd even fel. "Dat die mijnen dicht moeten, dat heb ik altijd al geweten," riep hij boos, "maar nu gaat het wel verdomd vlug!"

En dat was ook zo, want in een razend tempo werden alle mijngebouwen afgebroken. Liftschachten, schoorstenen, doucheruimtes, koeltorens, wasserijen, kantoren, alles werd met de grond gelijkgemaakt. En mijn opa maar mopperen: "Het lijkt net alsof ze zich ervoor schamen dat we hier in Limburg ooit mijnen hebben gehad. Ze stoppen ze voorgoed onder de grond."

Die lieve ouwe mopperpot had helemaal gelijk. Bijna alle sporen van de mijnen zijn uitgewist. Je ziet alleen nog hier en daar de steenbergen. En die herken je ook nauwelijks meer, want die worden tegenwoordig gebruikt als wandelpark of ski-helling.'

Stef kijkt even naar een paar mensen die over het pleintje lopen, maar er zijn geen gezichten bij die hij herkent.

'Wat ging jouw vader doen?' vraag ik

'Mijn vader kreeg een baan bij een autofabriek. Die was hier in Zuid-Limburg speciaal neergezet om werkloze koelpieten weer aan het werk te krijgen. We zijn toen verhuisd, net als veel andere mensen uit de kolonie.

Pap vond het in het begin vreselijk in die fabriek, maar thuiszitten was niks voor hem. Gelukkig kon hij iedere dag herinneringen ophalen met de andere oud-koempels die in de fabriek werkten. De verhalen werden natuurlijk steeds mooier, dat snap je wel.'

'En hoe ging het verder met Victor en jou?'

'Victor is naar de Ondergrondse Vakschool gegaan en ik fietste iedere dag naar de stad, naar de middelbare school. In die tijd zagen we elkaar veel minder. We kregen andere vrienden. Hij op de OVS en ik in de stad. Maar af en toe spraken we met elkaar af en maakten we een wandeling over de hei.

Victor heeft nog een paar jaar in de mijn gewerkt, maar toen de boel hier dichtging is hij opnieuw naar school gegaan. Na een lange omweg is hij uiteindelijk piloot geworden. Hij zei een keer tegen mij: "Zo ben ik wat dichter bij mijn vader." Hij bedoelde het als grapje, maar volgens mij meende hij het.'

'En wat ben jij geworden, Stef?' vraag ik.

'Ach, mijn leven is heel lang een rommeltje geweest. Ik heb braaf mijn middelbare school afgemaakt, maar daarna had ik geen idee wat ik zou gaan doen. Ik wou géén koelpiet worden, maar wat wel, dat wist ik echt niet. Ik ben naar Canada vertrokken en heb daar wat rondgezworven. Ik verdiende wat geld als houthakker en ik heb een tijdje in een hotel gewerkt.' Stef grinnikt. 'Dat had ik vroeger ook niet kunnen bedenken: dat ik op een dag suikerzakjes uit Canada zou bemachtigen.

Maar om de paar jaar kwam ik terug naar Limburg voor mijn familie. Meestal ging ik ook bij Victor langs. Na vijf minuten leek het net alsof we elkaar de vorige dag nog hadden gezien. Onze vriendschap bleef van eikenhout, zoals opa altijd zei.

Toen ik tien jaar geleden weer een keer hier op bezoek was, leerde ik een aardige vrouw kennen. Voor Jenny ben ik voorgoed uit Canada teruggekomen. En het was alsof het zo moest gaan: haar ouders hadden een hotel hier in de Limburgse heuvels. Jenny en ik hebben dat overgenomen. Joep moest eens weten dat hij dát ooit voorspeld heeft. De avond voordat hij verongelukte, was ik met mijn suikerzakjes bezig en hij zei: "Je moet later maar een hotel beginnen."'

'En Wietske?' vraag ik. 'En Femke?'

'Femke is in de stad gaan wonen met de kleine Joep.'

'Kleine Joep?'

'Ja, Femke kreeg een jongetje en dat heeft ze Joep genoemd. Nou, toen smolten mijn ouders helemaal. En zelfs mijn oma hoorde je niet meer zeuren. Toen de kleine Joep wat groter werd, heeft mijn opa hem natuurlijk alle verhalen over de mijn verteld.

Wietske is al op haar zestiende weggegaan uit de koloníé. Het werd haar hier veel te benauwd met al die mensen die elkaar in de gaten hielden. Ze ging bij een tante in Amsterdam wonen en is later naar de toneelschool gegaan. Wietske is een heel goede actrice geworden.

Een tijdje geleden speelde ze hier in de buurt. Victor en ik hadden haar jaren niet meer gezien. We zijn naar de voorstelling geweest en na afloop gingen we naar haar toe. Toen ze ons zag, vloog ze ons om de nek. Ook voor haar was die tijd hier in de koloníé heel bijzonder.'

Ineens horen we achter ons een stem. 'Zo, duivenmoordenaar!'

We draaien ons om en kijken in het lachende gezicht van een oude man met een kaal hoofd.

Stef springt op. 'Dries!'

Ze schudden elkaar de hand en Stef stelt Dries aan mij voor.

'Hij gaat een verhaal schrijven over de koloníé,' zegt Stef.

'Zoals het hier vroeger was.'

'Dat is mooi, jongen,' zegt Dries tegen mij. 'Komen mijn duiven er ook in voor?'

'Natuurlijk,' antwoord ik.

'Dan is het goed.' Dries begint te hoesten en spuugt een zwarte klodder op de grond. Hij wijst ernaar en mompelt: 'En daarover moet je ook schrijven. En nou moet ik weer naar binnen. Daar heb ik net zo'n apparaat als jouw opa had, Stef. Ik ga even luchthappen. Kom je me nog eens opzoeken? Dan halen we herinneringen aan vroeger op.' Dries draait zich om en sloft weg.

Stef roept hem na: 'Ik kom gauw een keer langs!'

Dries steekt zijn hand op en gaat zijn huis binnen.

'Dat blijft een fijne kerel,' zegt Stef. 'Achteraf weet ik pas hoe belangrijk hij voor mij geweest is, met zijn malle badkuip.'

Ik schiet in de lach, want Stef heeft mij daar alles over verteld.

'Kom, ik laat je het graf van mijn grote broer zien. Dan is je verhaal compleet.'

Samen lopen we naar de kleine begraafplaats die achter de kerk ligt.

Bij een grijze vierkante steen blijven we staan:

'Hier rust onze lieve Joep Bronckers.

1939 –1958

Hij was een echte koelpiet'

'Ik denk iedere dag aan hem,' zegt Stef. 'Ik ben al veel ouder dan hij ooit geworden is, maar hij blijft mijn grote broer.'

We staan zwijgend bij het graf.

Na een tijdje zegt Stef: 'Ik neem je ook nog even mee naar ons hotel. En ik wil je graag voorstellen aan Jenny.'

Als we samen door de Limburgse heuvels rijden, zegt hij lachend: 'En dan kan ik je meteen mijn éígen suikerzakjes laten zien.'

Dankwoord

Bij het schrijven van dit boek hebben veel mensen mij geholpen. Oud-mijnwerkers, (met name Jan Bemelmans), kinderen van mijnwerkers, de regionale omroep van Limburg L1 (die mij allerlei geluidsmateriaal ter beschikking stelde) en enkele vrienden die goed op de hoogte zijn van het Limburgse mijnverleden. Hiervoor wil ik hen graag bedanken.

Verder heb ik bijzonder veel gehad aan de boeken *Kolen en Koempels* van Loek Kreukels (Amsterdam/Brussel 1986), *Versteende Wouden* van Wiel Kusters en Jos Perry (Amsterdam, 1999), *Slaven van het zwarte goud* van Bèr Hollewijn (Naarden 1928) en de herinneringen van Frans Dieteren die hij onder meer opschreef in *Mijnspoor* en *Koale en Eike* (Heythuysen).

Ten slotte dank ik mijn oudste zoon Boris voor zijn kritische commentaar, en mijn vrouw Thérèse voor haar lieve geduld wanneer ik weer eens met mijn hoofd 'in de mijnen zat' en niet zo aanspreekbaar was.

Jacques Vriens

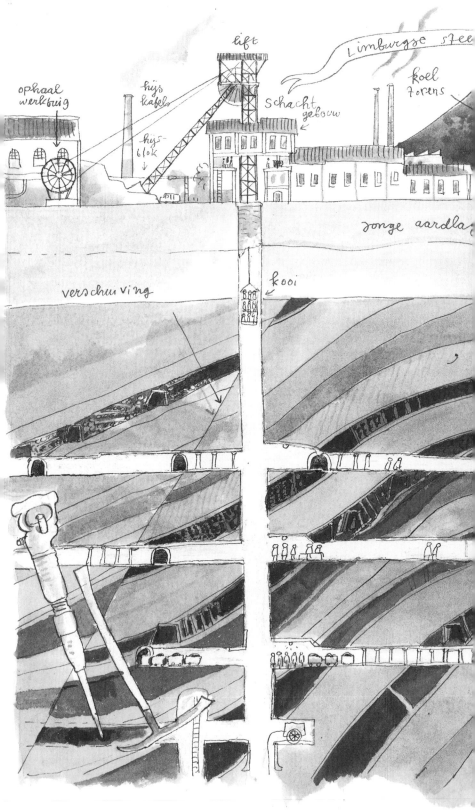